増補改訂 禅からのアドバイス　目次

I

装丁……CRAFT 大友洋

I

1　大失敗して落ち込んでいる人へ

私は本年満八十歳。自分の一生のほとんどは既に過去形になっております。今、そんな私の一生の過去のことを思い出してみると、先ず親の庇護《ひご》のもと波瀾なく無事に過ごしていた頃の思い出は、自分自身に何の生きる自信もなかったので、いつも何か不安が私の心の底につきまとっていたことが感じられます。

次に何かイイコト、オモシロイコトはないかと毎日ウロウロしていた頃の思い出は、今の私にとって一番ツマラヌ思い出です。また、たまたま明るい前途がめぐって来、それで調子づいてやり過ぎ、結局人に迷惑をかけたり傷付けてしまったことがありますが、これは今の私としては一番ヤリキレヌ嫌《いや》な思い出となっています。

これに反し不運や失敗が重なってやって来、既にこれから逃れる途《みち》はなく、真正面から引き受け、ついにこれを乗り越え、つとめ上げた思い出は、何といっても今の私にとって一番輝かしく楽しい思い出となっています。いずれもそれと出会っている時の思いと、ずっと後の今になっての思い出とは、こうも食い違うのですから妙なものです。

さて、大体失敗や不運はたて続けにやって来ればこそ初めて失敗であり不運です。もしそれが単発にやって来るのであれば、それは日常茶飯のことであって別に取り立てて問題とすることはありません。ところが一番つまらぬのは、いま出会った失敗や不運に対して、何とか逃れる途はないものか、裏道・抜け道はないものかと考えたり、あるいはヘタな神頼みをして、さらに失敗や不運を呼び込むことです。

しかし世の中、大した不運逆境でもないのに、何とか裏道・抜け道はないものかとウロウロする心もとない人がウヨウヨしているので、その需要に応じ、ご利益《りやく》や神通力を売り物にする宗教などがまたウヨウヨしています。これはよくよく気を付けるべきです。こんな神サマを売り物にする宗教など、一片の紙サマで老人たちのヘソクリを巻き上げた豊田商事よりもっと悪質な詐欺企業体でしかないのですから。失敗や不運の時、溺れる者はワラをもつかむぐらいの気持でそんなのに引っかかれば、一層みじめなことになってしまうのは言うまでもありません。

あるいはこんな時、ギャンブルで気を紛《まぎ》らわし、泡よくば一発当てたいなど思ったりするのも愚の骨頂です。幸運の女神がソッポを向いている時、ギャンブルなんか勝ちっこはないからです。

その点、何より不運・失敗・逆境に出会った時には、絶対奇蹟など待望せず、たとえ神信心しても神に頼ることはせず、何処までも「自分を生きるのは自分以外にはなし、浮かぶのも自分持ち、沈むのも自分持ち」と決定《けつじょう》すべきです。そして真直ぐ、「地獄へ落ちたら地獄をつとめ上げるぞ」という姿勢で出会うことです。このような態度で出会う時必ず、そしてその時初めて、自分の中にある本当の自己の生命力が働き出して来るでしょう。

大神通力

凶を避ける吉には怯《おび》えあり
他と奪《と》り合いして得る吉には安らかさなし
実力なく不労所得した吉には自信なし
とにかくこんな中途半端な吉を与えるという神の通力は
真の神通力《じんずうりき》でなし
凶来たらば凶をつとめ上げ
吉来たらば吉を他と分かち合う
吉凶《きっきょう》 禍福《かふく》すべてを一目に見
一口に呑却《どんきゃく》している生きる姿勢こそ
真の大安心底《だいあんじんてい》　大神通力

今せっかく出会った失敗であり、不運であり、逆境です。これは自分だけが特別に出会うものではなく、世の中の誰でもが一生において何度か出会う機会です。ただしこれを本当に乗り切るかどうかは、全くその人のものです。これを乗り切ればこそ初めて生きる自信を一段と強くすることも出来るのですから、これを機会に真正面から出会い、これを乗り切る努力工夫を自分自身において、とにかく精一杯やりましょう。

自分より外側は今、逆境にあるのですから、どうしようもありません。これに反し自己自身のいのちの内の深さにおいては、誰でも無限に湧き出ずる「いのちの泉」をもっています。このいのちの深さにある泉の力を何処までも汲み上げる工夫をしましょう。いや、この自分自身のいのちの工夫努力の中に、かえって「生きる楽しさ」さえも見出すつもりになりましょう。

不運逆境は絶対苦しいものだとキメコムことは間違いです。かえってこれを乗り越え乗り越えて進む努力工夫の中にこそ、人生の本当の生きる喜び楽しみもあるのだと知るべきです。少なくとも今、あなたが事実これを乗り越えられたら、それこそ、あなたの晩年の思い出の中には「あの時はよくやった」と、輝かしい思い出として甦《よみがえ》って来ることは間違いありません。

工夫

無限に湧き出ずる

いのちの自己に向かって
工夫することが
わがいのちの深さ
他には頼らず
ただ自己自らに工夫しつつ
いのちの深さに
祈りつつ歩む

2　いま自殺しようと思いつめている人へ

いま地球上では人口があり余っているのだし、あなたが死んでも社会としては誰も困る人はいないのですから、自殺されたらいいでしょう。

思うに、人々が死にたいと思う動機にはいろいろあるでしょうが、恐らく一生の内には死んでしまいたくなるほどの苦しみに誰でも出会うのであり、一度も思ったことのない人など世の中にほとんどいないでしょう。

しかし皆、何とかそれに耐えて生きているのは、人間生命の根底において、本能的に生きようという力が働いているからです。このいのちの声に逆《さか》らって自殺をはかり、自殺しそこなって、かえってその時、身心に障害を受け、一生それを背負って生きねばならぬ人は世の中に多いです。例えば睡眠薬を多量に飲んだため、一生その時の薬害を受けて苦しまなければならなかったり、あるいはビルから飛び降りたが偶然助かり、しかし一生歩けなくなってしまったとか。

ですから、あなたも自殺する瞬間――例えばビルの屋上から飛び降りて下まで落ちる間に、

「しまった！　自分の深い心の奥底では、自分は生きていたかったのだ。今このまま死にたくない。どうしても死にたくない!!」と絶叫するようなことにはならぬよう、よくよく自分の深層意識の声と相談されてから、自殺の実行をすることにした方がいいと思います。

その点、自殺をなし遂《と》げたという人でも、自然の運命的なものがそれを許したまでのことであって、決してその人の意志が強固だったから自殺をなし遂げたのではないでしょう。

人間の思いの力など、大自然の力の前には全く一微塵《みじん》の力でしかないのだと私は思います。むしろわれわれが生きているいのちの底には、何より生きたいという生存本能の力が働いていることこそ根本事実です。

今あなたは疲れ果て、生きる気力を失《な》くしかけていらっしゃる。そんな時ちょっと屋外に出て、今は春で伸び始めている路傍の一本の草にでも目を注ぎ、じっと見つめてごらんになるといいと思います。一本の名も知れぬ草ながら、それなりの「生命力」として力強く成長していっているでしょう。

それでももしこの草から、あなたがあなた自身の中に働いている「生命力」を目覚めさせられるなら、この草一本でも、それなりに本当の「生きる意味」があったと言えましょう。人間の「生きる意味」というのも、そんなものだと思います。

あなたのご両親なり親しい方も、あなたが落ち込んでいるならきっと悲しく思い、心配され、苦しんでおられることと思います。それに反し、あなたがいきいき明るい顔を見せるなら、きっと喜び、そういう方々もいきいきされるに違いありません。とすると、少なくとも身近な人を喜ばせ、いきいきさせる中に、あなたの「生きる意味」もあるわけです。

その点、人間という存在、決してあなた一人ではなく、実は誰でも彼でも心の底に深い悲しみをもっています。この皆のもつ深い悲しみを共に悲しみながら、しかし同時にお互い様、生まれて来、生きている限りは、生命力をもってこれを乗り越えて生きているのです。それでこんな「生命力」をお互いに呼び覚まし合いながら生きるのが、仏教でいう慈悲心、大悲心というものです。

どうぞ、あなたもただ自分一人だけのことを考えて「自分には生きる気力がない」と落ち込んでばかりいず、先ず自分を心配して下さる人が、かえっていきいき勇気づけられるような生き方をする努力をすべきです。そこにこそあなた自身の本当の「生きる意味」もあるに違いありません。

とにかく、われわれ自身の中に働いている「生命力」とは、あらゆる困難抵抗を乗り越えていく力であり、草一本にも、われわれ自身の中にも、確かに事実働いている力なのですから、このいのちの声を一つの根本要因として、われわれの人生を考え直すことこそ、私は大事と思っています。

3　これから社会へ出るピカピカの若人へ

われわれ自分の一生を生きるということは、自分の人生というマッサラなカンバスに自分なりの絵を描いていくようなものです。どう生きねばならぬ、どんな絵を描かねばならぬということはありませんが、ただ惰性的に色を塗っていればいいというものではないでしょう。せっかく自分の人生というマッサラなカンバスが与えられ、自分なりの絵を描き始めるのですから、何とか自分でなければ描けぬ絵、そして自分の一生の最後に、自分として本当に納得出来るような絵を描こうと思いたいものです。

しかし同時に、これからあなた方は社会の一員としても出ていかれるわけですが、今は皆ただわれこそはエリートになろうと争い合って、全くの競争社会を現出させています。でも皆が皆エリートになれるはずはありません。いわゆる社会としては、落ちこぼれ下積みの人も出てくるのは当然です。

けれど他人と背比べすればこそ、エリートであったり下積みであったりということも出てくるわけですが、「実物の自己自身としては」実は誰もエリートでも下積みでもありません。その点、本当に大切なことは、このような社会的エリートの奪《と》り合いに浮き身をやつすことではなしに、何処までも自己自身において納得出来る一生を送ることでなければならないでしょう。

そうです。実は社会とは一つのお芝居みたいなものです。そして社会における人々の位置づけは、それぞれの配役なのです。だからどの職業階級が尊く、どの職業階級が卑しいということはありません。

それでわれわれとして狙《ねら》うべき処は、それぞれの配役において、いかにその配役を自分なりによく演じ切るかという一点です。つまり「この社会で一生を生きる自分の人生」においては、誰でもない「自分こそが主役だ」という自覚をもって、自分の配役をいかに深く演じるかが大切なのです。

お芝居でもお殿様が主役、足軽《あしがる》は端役《はやく》と決まってはいません。足軽が主役、お殿様は端役ということもあるはずです。さらにまた、主役の人も名人芸、端役の人も名人芸ということもあるでしょう。

その点、今のように舞台上演以前の処で、大根役者ばかりが配役の奪《と》り合いでドタバタ劇を演じているような社会は、文化程度の低級下劣な社会でしかありません。これに反し社会のすべての人が、それぞれの配役において、その名人芸を披露するような社会になってこそ、本当に文化の高い社会というべきではないでしょうか。

お互い様、誰でもそれぞれが、自分はそういう高い文化社会を創り出すために働くのだという誇りをもって、本当に自分が自分に納得出来るような生き方をしたいと思うのであり、若いあなた方にも、初めからそういう誇り高い抱負・理想をもって、これからの一歩を踏み出して頂きたいと願ってやみません。

4　真剣勝負にのぞみ、腹の据《す》え処を問う人へ

沢庵禅師《たくあんぜんじ》が柳生但馬守《やぎゅうたじまのかみ》に書き与えたといわれる『不動智神妙録《ふどうちしんみょうろく》』の中に、こんなことが出ています。剣士が刀を持って敵と向かい合った時、相手の右の手に心が止まったら、後は全部見えなくなる。左の手に注意がいったら、また後は全部隠れてしまう。だから何処にも心を置かないことが大切だ。あるいは一本の樹に対した時でも、ある一枚の葉に心を止めたら他の葉が見えない。何処にも心を置かないで対している時に、初めて全体の姿がいきいき見えるのだと——。

しかし剣道の達人ならともかく、われわれ凡夫《ぼんぷ》がうっかりこの言葉を受け取って何処へも心を置かなかったら、ただボーッとボンヤリして、それこそアッという間に相手に一本取られてしまうのではないでしょうか。

これはお相撲さんでもそうだと思う。今度の一番に勝てば優勝も転《ころ》がり込むし横綱にもなれるというような大関が、いざ土俵へ上がる時、何処へも心を置かないぞと言ってボーッと、そんなバカなことをしていたら一遍に突き出されてしまうに違いありません。ここはやはり闘志満々で

土俵へ上がればこそ、いい相撲もとれるでしょう。ところがあんまり闘志が先行して、是非とも勝たなければと一枚の葉ッパにカンカンになっていたら、身心ともに固く動けなくなって、ゴロンと負けてしまうことになります。

ではこういう時、実際何処へ腹を据《す》えたらいいのか、どんな心構えでのぞむべきなのか。私自身その辺非常に不器用で、おじおじする人間なので、いつも迷いながら考えてきました。そして結局決まる処へ決まったのが、「どっちへどう転んでも御《おん》いのち」「今この実物こそ御いのち」ということです。

それまでは腹の据え処というものが、何か一つだけカチッとあるものと思い込んでいましたが、そうではありません。「どっちへどう転んでも御いのち」というのは一つの極です。そしてもう一つ「今この実物こそ御いのち」という極があります。生命というものはこの両極を軸に回転することによって、初めて生きた「いのち」をもつのです。

だから「どっちへどう転んでも御いのち」である限り、どうあってもいい。勝っても負けても御いのち、合格でも不合格でも御いのち、どうせ私は私という自己ぎりの自己の生《なま》のいのち以外にありません。われわれはアレかコレかと分別する力があるのですから、ようく分別して「どっちへどう転んでも御いのち」という処に決めることが大切です。それが一つの極です。

しかし同時に、このわれわれがどっちへどう転ぶかは今後のことです。今はどうなのかと言えば、まあ前からの続きで私はおじおじする人間だということ。しかしながら今はこれが実物であり、この実物こそ御いのちです。これも「俺はこんな実物だからダメなんだ」と考える必要はありません。意気地《いくじ》なしは意気地なしなりにそこに居直《いなお》って、とにかく「いま出会っているこの実物こそ御いのち」と決めること、この両極が大切です。

ここまで読まれて、自分は胆力をつけて勝負に勝ちたいと思うから問うているのに、どうも話がごまかされたように感じる方もおられるかもしれません。しかし私は勝負師ではありませんので、もし勝つためだけの心構えなど訊《き》かれても答えられるはずはありません。それどころか私は人と争って勝ち負けを言うことが嫌いなので、そういう勝ち負けの場を出来るだけ避けて通ってきました。私が競争社会に入らず一生を過ごしたのもそのためです。

それでもそんな私とてやはり力や技を競い、あるいは勝負せねばならない時がなかったとは言えません。そんな場合、何の力や技も特別に磨いていない私は、どうせ負けて失敗するのだという方に初めから傾斜して出会うのですから、負けて当然です。その点もし勝つためなら、何より技を磨き力をつけ、その自信を勝とう勝とうと相手に対して振り向けるのではなく、その自信で初めから相手を飲んでかかって、ただ自分なりの相撲を狙《ねら》うぐらいが腹の据《す》え処ではないでしょうか。

まあ私の場合はそんなことで、勝負の時どうせ負けてしまうわけですが、これがもし本当の真剣勝負であったなら、もちろん私はいのちを落とし死んでしまっていることでしょう。でもそうして死んでしまえば、既に私にとってすべては終わり、勝ったのでも負けたのでもありません。死はそういう勝ち負け、生と死を分別する思いが絶える時だからです。

しかし、失敗し負けながらも生きている限りは、その失敗や敗北で傷ついた自分をいかに乗り越えるか、いかに自分自身のいのちを深くするかこそを、私は問題と致します。つまりこんな勝ち負け、成功失敗、生死を超えた深さこそを、自己自身の本当のいのちの深さだとしているからです。

いわば勝負などというのはその日その日の、個々の戦闘みたいなもので、私は眼中に入れていません。私は全体としての戦争の帰着、自分の人生という長い一生の総決算がどうかだけを問題にしています。それは勝ち負け、成功失敗、生と死を超えた処にいかに落ち着くかなのです。

だから、そういういのちの深さからいえば、勝負だけを問題にしている相手がつまらなく見え、それこそ逆に「我すでに世に勝てり」と言いたい思いです。イエス様が、パリサイ人やイスラエルの群衆によって十字架につけられることが決まった時、「我すでに世に勝てり」（ヨハネ一六の三三）と叫ばれたのも、そういうことではなかったのでしょうか。

話が少しそれましたが、結局人生という真剣勝負にのぞんで、われわれの腹の据え処とすべきは「どっちへどう転んでも御いのち」、勝つのがよくて負けるのが悪いわけではなく、勝っても負けても、成功しても失敗しても、何から何まで仏の御いのちだという処に先ず大安心《だいあんじん》を授かりつつ、それなればこそ、いま出会っている処を一所懸命大事にして働かせてもらう、つまり「今この実物こそ御いのち」という態度です。

「どっちへどう転んでも御いのち」と思いを手放し、「今この実物こそ御いのち」と全分を籠《こ》める、これを道元禅師《どうげんぜんじ》は一言で「只管《しかん》」と言われるのです。

その点、坐禅して胆力をつけ勝負に強くなろうというような坐禅は、娑婆世界の鍛錬法ではあっても、本当の仏法とはいえません。あたかも自分で戦争をしかけておきながら、しかも敗戦してもなお「我すでに世に勝てり」と言った湾岸戦争でのフセイン大統領の勝利宣言の如く、見かけは同じでも、宗教とは「似て非なるもの」でしかないと言わなければなりません。本当の仏法としての坐禅は、初めから不生不滅《ふしょうふめつ》、不垢不浄《ふくふじょう》、不増不減《ふぞうふげん》の処にどっかりと只管《ただ》坐ること、それ以外にないのですから。

5　結婚前みずみずしい二人のために

昔は見合い結婚が圧倒的に多かったのですけれど、今はたいがい恋愛結婚なのではないでしょうか。恋愛結婚の場合、既に愛し合って結婚するのだから問題があるはずはないわけですけれど、実はこれがかえって問題が多いようです。

というのは見合い結婚の場合は、お互い同士愛情ゼロの処から出発するので、これからお互いに愛情を育て築き上げていかねばならないという覚悟をもって出発します。それに対し恋愛結婚は、恋愛時代の愛をそのまま続ければいいと思うだけです。

これはあたかも若者が親の家から独立するのに、無一文の貧乏から出発するならば、これからお金をしっかり儲《もう》けなければならぬと思うのに対し、親から財産を譲られた金持の息子の場合は、これから金を儲けなければならぬという覚悟が本当には決まっていないまま、何となく遊び半分の気持で仕事に向かうようなものです。何も無しから儲けようという姿勢の処では、どうせ増える一方ですが、これに反し財産を幾らたくさん譲られても、本当に儲けようという覚悟がないまま使うだけなら、減る一方で最後には破産に至ります。

それと同じように、恋愛時代の愛も消費するだけなら、夫婦生活の中で簡単にお互い同士わがまま勝手を言い合い、愛を使い果して破産し離婚するより他はなくなるでしょう。

結婚生活、夫婦生活は、恋愛時代の続きではありません。とにかく他人同士が一緒に生活するのですから、互いに自分のわがままを言い、相手の気持を無視するなら、長続きするはずはありません。お互いにわがままを言わないようにし、同時にお互いの気持も察して許し合い、そこに新たな愛をはぐくみ育て合っていくのでなければ、夫婦生活は成り立たないのだということを、初めからよくよく知っておくべきです。

さらにまた、このように二人だけの愛を育て深めていけばいいというだけのものでもありません。二人にはそれぞれ回りとの家族関係、社会関係があります。そういう回りの家族関係、社会関係ぐるみ、二人の生活が社会の一単位として認められて初めて夫婦生活も成り立っていくのです。

そういう社会における二人の生活を成り立たせるためには、要するに未熟なコドモ同士が単に一緒になったというだけではダメです。生活とは本当に成長したオトナの目をもって生きなければならず、むしろ結婚とは、そういう本当の大人に共に育ち合う修行道場なのだと心得て、新たに出発してほしいと思います。

6　夫や子供の世話にウンザリ顔の主婦へ

この頃、女性たちが「自己に目覚めて家庭を出る」とよく言われますが、そういう時代の流行にしたがって家庭において夫や子供の世話をすることを無意味だと考えるなら、あまりにも自己がなさ過ぎるのではないでしょうか。

今時分のそうした風潮に乗せられて家庭を出る女性たちを、やはり流行の着物を着たがる「女なのだなあ」と私は思いながら見ています。とにかく「あなたもそうなら、私もそう」ということで初めて安心するのは「大衆の一分子」というのであって、真に「自己を自覚した」人間とはいえないでしょう。

自分は自分の働きの場なくしてあるのではありません。その働きの場とともに初めて自己です。しかしこの働きの場とは何も社会であるとは限らず、家庭内であることもあります。あなたが結婚し子供を産んだことは、自《みずか》らの働きの場を家庭内に見出したからではなかったでしょうか。もし夫や子供との関係をもつことが嫌であったなら、初めから結婚などすべきではありませんでした。

いま事実、夫をもちわが子をもっているのに、それを放り出して家庭を出るとしたら、夫の場合は一人前の大人であるからともかくとして、子供としてはさぞかし不満不服なのでないでしょうか。子供は何も自ら生まれたいと願ったわけでもなし、いわんやあなた方夫婦の子供として生まれることを希望したわけでもないのに、ただあなた方夫婦の勝手から生まれさせられてしまったのです。それればかりではなく、今やあなたの勝手な気分で放り出されるとしたら、今はまだ子供で権利を主張する力もないでしょうが、きっと怒っていると思います。そしてその怒りはやがて成長した後、あなたに対してぶつけることになるのではないでしょうか。

その点、少なくとも結婚してわが子を産んでしまっている限り、その責任を取るのが当り前であり、子育てし、子の成長を見守るのが自己の選び取った道であるとして自覚すべきです。しかも、わが働きの場が愛する夫や子供に対してであることに、自らの悦《よろこ》びを見出すことこそ、自己に目覚めて生きるということであるのだと思います。

7　右か左か、いま人生の岐路に立つ人へ

損か得か――何とか損をせず少しでも得する方を選択したいというのなら、その辺にたくさん出ている処世術、世渡り指導書をお読み下さい。せっかく私にこの問いを問われるのなら、私なりに人生の真実としてはどうするかの話を申し上げるより他はなく、どうぞそのおつもりでお読み下さい。

今はコンピューターが全く進んでしまって、すべてコンピューターまかせのようですが、果してこのコンピューターまかせであることが人間として真実であるか、どうか――その判断さえも答えるようなコンピューターを造り出したいと、先端のコンピューター技術者は努力しているのだという話を聞きました。

でもコンピューター判断は常に、0か1か（アレかコレか）の判断であるわけですが、人生の真実は実は「あれもこれもわが人生」ということなのです。そういう「あれもこれも的判断」が、コンピューターで出来るようになるものかどうか――。

コンピューターの話はさておいて、「あれもこれもわが人生」とは一体どういうことか。それは「得してもわが人生、損してもわが人生」「成功してもわが人生、失敗してもわが人生」「生きるのもわが人生、死ぬのもわが人生」——つまり何から何まで「わが人生」ということなのです。

そういう「わが人生の真実」とは、結局「どっちへどう転んでもわが人生」というより他はありません。しかしコトバで言えばそういうコトバで片付くわけですが、それではそれを、今ここ実際としてどう踏み出すか——人間行動は常に今ここの一歩として歩み出すより他はなく、そのために一歩一歩選択しなければならないのです。

この頃は全方位外交などという器用なコトバまでつくり出しましたが、実際として一体どうすればいいのか。ちょうど、このコトバがもてはやされた頃、フジ三太郎の漫画に、バーのマダムが身は右の男によりかかり、足は左の男の足を踏み、右手左手はそれぞれ左右の男の背後から二人目の男の手を握り、そして目は右の三人目の男の方にウインクを送りながら、左の三人目の男に話しかけているというような奮戦ぶりが描かれ、これに「全方位外交」という題がつけられてあったのを思い出します。

しかしこのような全方位外交も、今いう「どっちへどう転んでもわが人生」ということとは、少し違うのだと思います。

「どっちへどう転んでもわが人生」という「人生の真実」は、結局「わが人生の深さ」です。

その「わが人生の深さ」を狙うとは、どっちへどう転んでも「出会う処はすべてわがいのちの分身」であり、「わが人生の中味・内容」なのですから、「出会う処の中にわがいのちの全分を籠《こ》めて尽くす」ことです。

いま私はこの問いを前にしてこの話を書いているわけですが、この問いそのものを私自身の問題とし、いま私がどうするのか。これまた真剣に取り組み、私のいのちの全分を籠めて考えつつ書いています。そしてこの場合の狙いとしては、いかにこれにおいて「いのちの光明を輝かすか」「神の栄光を顕《あら》わすか」だけを狙っているのです。

果してそうであることが出来るかどうか。この場合、合格か不合格かはもはや問題ではなく、とにかくそれを狙ってやっています。こんな私の狙いを支えてくれている言葉は、次のような言葉です。

「さらば飲むにも、食らうにも、何事をなすにも、凡《すべ》て神の栄光を顕わすようにせよ」（コリント前一〇の三一）

「凡眼《ぼんげん》を以《もっ》て観《み》ること莫《なか》れ、凡情《ぼんじょう》を以て念《おも》うこと莫れ、一茎草《いっきょうそう》を拈《ねん》じて宝王刹《ほうおうせつ》を建て、一《いち》微塵《みじん》に入りて大法輪を転ぜよ」（典座教訓《てんぞきょうくん》）

8　人間関係で仕事をやめたいとボヤく人へ

人間は自分一人で生きているのではありません。自分が働く、その働きの場とともに生きるのです。その働きの場とは仕事であり、また人間関係でもあります。仕事をやめ人間関係をやめれば、結局植物人間と同じことになってしまうだけです。

しかし今たずさわっている職場において、特別に意地悪な人間がいて、いわゆる苛《いじ》めが自分に向けられているということはあり得ます。その場合には、今の職場を捨てて他の仕事に就《つ》かれたらいいと思います。

しかし、そこでもやはり人間関係において同じようなことが起こるとすれば、それは自分自身に欠陥があると見なければなりません。というのは他に移る場合にも、先ず自分自身の欠陥である癖を後生大事にカバンに詰めてもって行き、新しく移った先でも、先ずそのカバンから自分自身の癖を取り出して人と接するから同じことが起こるのです。このような場合は他を責めるより以前に、先ず自分自身を反省して出直さなければ、幾ら転々としても同じことが起こるだけです。

それでもう自分は一生定職をもつことをやめ、人間関係ももちたくないと考え、植物人間的一生を送る決心がつくなら、それも悪くはないでしょう。今どきの日本社会では、子供が一生働かず食うのに不自由はないほどの財産を残す親も少なくはないですから、そんな親からあなたに財産がたっぷり残されてあるならそれも結構です。

しかしその場合でも、単にぶらぶらして遊ぶ植物人間的一生を送るのではなく、人間関係をもつことの少ない仕事（例えば職人とか芸術家とか）を目指して自分の生命の火を燃やすことをお勧めします。せっかくの生命を与えられ、また社会にもお世話ご厄介《やっかい》になって生きているのですから、この自分の生命の火を燃やさず、まるまる社会の厄介者だけに終わっていいはずはありませんから。

「いや、自分は社会に別に厄介になっていやしない。社会の恩など特別蒙《こおむ》ったことはない」と考える幼稚な若者もいると思いますから念のため申し上げておきますが、そういう人は全く素裸で大自然の中に放り出されても、果して自分一人で生きていけると思っているのでしょうか。

実はわれわれ、大昔からの無数に多くの先人たちの智慧と社会的財産の中に初めて、一匹の魚も釣ることが出来（例えば釣針一本でも糸一筋でも先人の智慧と社会的財産の結晶です）、また一枚の布でも身にまとうことが出来るのです。そしてそういうことを社会の恩というのであって、人間誰でもこの社会の恩を蒙ることなしに、どんな隠遁者でも生きていけるものでないことはよく知っておかねばなりません。

9　打ち込むことがないと言う無気力な人へ

どんなしがない一本の草でも、やはり上に向かって伸び成長する力をもっています。同じようにわれわれ人間の場合にも、誰でもそのもっている生命力において働こうという力をもって生きているのではないでしょうか。

この本来の生命力で働こうという力の発現を妨げ無気力にしてしまうのは、何かやり出してもいつも自分の思うようにはいかず壁にぶつかり、それで「オモシロクナイ」と投げ出してしまうからでしょう。壁にぶつかったら壁を乗り越えて進む力こそ、本来の生命力であるわけですが、幼児や子供の頃、特に親に甘やかされたり、あるいは鍵っ子で、可愛がられる代わりにお小遣いをタップリ与えられたり——つまり何らかの意味で、本当の生命力を発現することを学ばずして育った人に多いようです。

その点近頃では、独立すべき年齢になっても打ち込んでやる仕事をもたず、無気力で毎日ぶらぶら「何かオモシロイことはないか、何かオモシロイことはないか」と言いながら暮らす若者が増えているようですが、もし親があなたに一生暮らすに充分な財産を残してくれるのなら、一生無気力に何もせずに暮らしてもいいでしょう。人間どう生きねばならないということはないのですから。

ただし社会は変動することもあり、今は一生暮らすに充分な財産と思っていても、経済変動などでその財産が三文の値打ちもなくなる時もあり、あるいはたとえ一生を不自由なく暮らせても、世の中を一人で生きる自信がなくて生きることは、心細く淋しい限りであるということも考えておくべきです。

とにかく自分を生きるのは自分以外にありません。この絶対事実をよくよく思い、あなたの人生を向上させるのも自分持ち、堕落させるのも自分持ちであることだけは、いよいよ知っておくべきです。

10　最愛の人を亡くし、悲嘆にくれている人へ

これは簡単に答えられる問題ではありません。それこそ第三者の他人としてみれば、生者必《しょうじゃひつ》滅《めつ》・会者定離《えしゃじょうり》とか、愛別離苦《あいべつりく》などという一般的な言葉をもって片付けられるでしょうが、いま実際に身近な、しかも最愛の人を亡くされた当のご本人の身になってみれば、とてもそんな言葉を持ち出せるものではありません。

これはどうしても思う存分泣くだけ泣き、慟哭《どうこく》するだけは慟哭するより他はないと思います。とにかく時間だけがこの際、問題をやわらげる唯一の途でしょう。以下の話は、泣いて泣いて涙も涸《か》れはて、いかに天地に向かって慟哭しても、その声はただ虚《むな》しく消えていくだけだと分かりかけてきた頃の話としてお聞き下さい。

さて、いま言った生者必滅・会者定離・愛別離苦という仏教の言葉は、全くこれを受け入れても拒絶しても、あるいはこんな運命を私に与えた神仏に対し怨《うら》んでも呪《のろ》っても、そんな人間の思惑や行動ではどうしようもない絶対事実なのであって、もはやこれが既に過去となってしまった

今となっては、如何《いかん》ともしようのないことです。それで結局、せめて人間として為《な》し得ることは、この過去の深い悲しみの出来事をいかに未来に振り替えて、その経験を活かしていくべきかという以外にはありません。

ということはどういうことか。例えばわが子を亡くして初めて深い人生に目覚め、信仰をもつようになった人はたくさんおります。また親を亡くして以後、親に尽くしてあげられなかったことを悔い、すべての老人たちをわが親と思い、温かく出会えるようになられた人も私は知っています。さらにまた最愛の夫や妻を亡くして初めて人の世の情《なさけ》を知り、人間味を深めた人も多いでしょう。

結局、今あなたが最愛の人を亡くされたことは、もはや泣いてもわめいても絶対取り返しのつかぬ絶対事実であることがよく分かった時点で、この過去の苦《にが》い経験、悲しい体験を未来に振り替え、今後出会うすべての人たちに対し、慈悲の心で出会うことにされたらどうでしょうか。

慈悲の心とは、人間誰でも皆生きている深い心の底では悲しみをもっているわけですが、この深い悲しみを共にいとおしみ（糸のようにつながり）、共に悲しむ心です。つまり最愛の人を亡くしたという自分の深い悲しみを、すべての人を慈《いつくし》み、共に悲しんでいこうという未来へ昇華して生きること――その時、亡くされた最愛の人への面影が何処までも、あなたの心の中に生き続けるでしょうし、亡くされた最愛の人のご冥福も祈られることになると思います。

11　寝たきりになり、生きる意味を問う人へ

「寝たきりで今やイイ目・オモシロイ目一つ出来るわけではなし、一体生きている意味は何か」と考える気持は、同じ人間として痛いほどよく分かります。しかしこのイイ目・オモシロイ目をすることが、果して本当に生きている意味であるかどうか。――実はこのイイ目・オモシロイ目とは、単に自分の物足りようの思いをひと時満足させるだけのことであって、これが人間の真実の生きる意味でも、生き甲斐でもあるはずはありません。

最近小林大二さんという篤信《とくしん》の人から、私にこんな詩が寄せられました。とても深い詩であり、これを受け取って以来、私は念念にこの詩の心を味わっています。

仏

自分さえ
よければよいという

心が死ぬから
死んだら
仏になるのです
生きている間でも
この心を
離れただけは
仏です

真の人間の生きる意味とは、寝たきりになり後は死ぬだけという、イイ目・オモシロイ目が出来ぬ処にでも、「しかもなお生きている」生命ぐるみの処にあります。ということはどういうことか——それは自分の物足りようの思いが絶望した処にも、「しかもなお事実生きている」生命の意味こそを問うべきだということです。

「汝《なんじ》に対する真実なる恩恵のただ一つのしるしをも汝において見出さず、そのため深刻なる落胆に陥っている時、汝はいかなる語を頼りにしうるか——『しかもなお』（doch）という小さな語である」（コールブリュッゲ）

「われら四方より患難《なやみ》を受くれども窮せず、為《せ》ん方《かた》尽くれども希望《のぞみ》を失わず」（コリント後四

の八)

ここにあげた「しかもなお」とか「ども」という小さな語の深さこそを、いま寝たきりになりながらも問うことこそが、「本当の生きる意味」ではないでしょうか。つまりもしかすると、今あなたが寝たきりになったということは、この「本当の生きる意味」を問うためのものであるかも知れないのですから。

「イエス途往《みちゆ》く時、生まれながらの盲人《めしい》を見給《たま》いたれば弟子たち問いて言う、『ラビ、この人の盲人《めしい》にて生まれしは、誰の罪によるぞ。己《おのれ》のか、親のか』。イエス答え給う、『この人の罪にも親の罪にもあらず、ただ彼の上に神の御業《みわざ》の顕《あら》われんためなり』」(ヨハネ九の一―三)

12　フッと人生が淋しくなると言う人へ

フッと人生が虚《むな》しく淋《さび》しくなるという思いを全くしたことのない人など、恐らく一人前の人間としていないのではないでしょうか。誰でもそんな思いを時々しているのだと思います。しかしたいがいの人は、それを取り立てて口にはしないだけです。それなのにこれを敢《あ》えて口にするのは、今あなたが人生を悩み始めた少年少女でない限り、自分は人生を虚しく淋しいと思っている人間だということを口にすることによって、楽しんでいるのではないでしょうか。一人前の人間としてそんな小児病的趣味を楽しむものではありません。

もしそういう小児病的趣味として楽しむのではなく、本気に人生が虚しく淋しいという思いをもつのなら、それを積極的エネルギーとして人類すべてのために、この虚しく淋しい人生をいかに充実した希望もてる人生にまですることが出来るか、その道を開拓しようと努力すべきです。釈尊はじめすべての求道者《ぐどうしゃ》たちの歩みも、実際としてここから始まったのですから。とにかくこの問題を単なる不毛の自慰趣味として終わらせるほど無意味なことはありません。

ところで、以上は若い男女の青年たちの問いを予想しての、いわば年齢的生理的に人生が虚しく淋しくなる人への答えですが、それとは全く違った意味で、既に立派に社会人として働いている中高年層の人にしてなお、フッと人生が虚しく淋しくなる人もあります。

二十数年も前のことですが、私が安泰寺《あんたいじ》にいた頃、アメリカの大きな製紙会社の社長がやって来て「私は家庭生活も満足しており、身体も健康、会社の仕事も順調にいっているのですが、時として人生がフッと虚しく淋しくなるのはどうしてでしょうか?」という問いを投げかけました。（この話は拙著『生命の実物』柏樹社刊―現在は増補、改題し『坐禅の意味と実際』（大法輪閣刊）―にも書いています）

このような人の場合は先の若い人たちのそれとは違って、いつも対他的な仕事ばかりをしていて、いわば対社会的な自分の面《めん》ばかりをもって自分として来ているからです。そして時には、ふとそういう対他的面ばかりを追っていて本当の自分を振り返ることなく、自分の中味、生命の実物については全くおろそかにしていることに感づき、何か虚しく淋しくなるのだと思います。

こういう人への答えとしては、何といっても実際に自己の生命実物に立ち帰り、自己の生命実物を充実していくことをお勧めするより他はありません。つまり社会人としての歩みは歩みとしながら、同時に真実の宗教の道において自己を養っていかれることです。

眼を外に向けて享楽や幸福を追い求め、他との兼ね合いだけで生きている限り、結局人生は虚しいものでしかありません。自分自身の人生の不安や淋しさを紛《まぎ》らわすために、ふらふら他を求めてさ迷ってみてもダメです。ただ自己が自己の真実を生きること、自己の実物を生きることだけが大切です。

そんな宗教の道のダイジェストとして本書、及び前記の『坐禅の意味と実際』をお読み下さい。そしてそれを実際にやるのが坐禅ですから、本気になって坐禅を始められたらいいでしょう。沢《さわ》木《き》興《こう》道《どう》老師は常に「坐禅とは自分が自分を自分することである」と言われておりました。

なお、老い故の虚しさ淋しさについては、Ⅳ章に詳しく述べてありますので、それをごらん頂きたいと思います。

13　病気に悩み、生きる希望がもてない人へ

病気で本当に苦しい時には、生きる希望も何もあったものではありません。ただ苦しい一つでしょう。それなのに、こんな病気をしていたのではとても生きる希望がもてないなどと考えるのは、とにかく病苦も一休みしている時なのではないでしょうか。

そんな病苦一休みの時、生きる希望がもてないなどと悩むとすると、一休みが一休みになりません。せっかくの病苦一休みの時なのですから、気持の方もゆっくり一休みすることが大切です。そのためには先ず、その気持の一休みの仕方を知っておくべきです。

われわれ熟睡している時のことを考えてみましょう。ぐっすり寝込んでいる時にも、一分間に幾つの割でちゃんと呼吸し続けていればこそ、翌朝も生きていて目が覚めるのです。このごく普通、当り前の事実についてよくよく思い、本当に驚かねばなりません。この事実をよくよく思えば思うほど、自分というものは単に自分意識において生きているのではなく、自分の思いを遥かに超えた「いのち」において生きていることが分かります。

この私が事実それを生きている「私の思い以上のいのちの力」は、私がぐっすり眠っている時も呼吸している力ですが、同時に例えば植物が成長していく力のように、われわれが傷付いた時には「私の思い以上の処で」いつしか傷を治していく力でもあり、また病む時にはやはり「私の思い以上の処で」病気を癒《いや》していく力でもあるでしょう。ところがこの「いのちの力」は、もしわれわれが思いで悩んだり嘆《なげ》いたりしていると、かえって、せっかくのその力が働かなくなってしまうようです。

「病気は薬によって治るのではない。安らかに眠ることによって薬も初めて効いて治るのだ」という言葉を、昔聞いたか読んだかしたことがありました。その時「確かにそうであるに違いない」と私は思い、それ以来病気した時には、いつもそのつもりで「いいも悪いもいのちにまかせ」「思いを投げ出して眠る」ことにしています。そのお蔭か、私は過去随分病気をしてきましたが、起き上がり小法師のようにいつも治ってきました。是非一度騙《だま》されたと思って、生きる希望とか何とか言わず、万事放下《ばんじほうげ》してゆっくり休まれることをお勧め致します。

さて次にその上での話ですが、大体われわれの「生きる希望」とか「生き甲斐」とかいうことと、一体何なのでしょうか。今どきの人たちはほとんど「自分の思い通りにすること」、あるいは「欲望を満足させること」ぐらいに考えているのではないでしょうか。しかし果してそんなことが本当の生きる希望、または生き甲斐というものであるかどうか。

聖書には「朽《く》つる糧《かて》のためならで、永遠《とこしえ》の生命《いのち》にまで至る糧《かて》のために働け」（ヨハネ六の二七）とあります。その点、今の人たちが生きる希望と考える「自分の思い通りにしたい」とか「欲望の満足」などは、その時その場の思いだけのものでしかありません。

それこそ「われらが年をふる日は七十歳《ななそじ》にすぎず、あるいは壮《すこや》かにして八十歳《やそじ》にいたらん、されどその誇るところはただ勤労と悲しみとのみ。その去りゆくこと速《すみや》かにしてわれらもまた飛び去れり」（詩九〇の一〇）、「人は誉《ほまれ》の中に永くとどまらず、亡《ほろ》びうする獣《けもの》のごとし」（詩四九の一二）、とある通りです。だからそのようなこの世の営みだけのために働くのは結局「朽つる糧のため」の働きでしかなく、それは本当の生き甲斐、希望とすべきものではありません。

では「永遠の生命にまで至る糧のための働き」とはどういうことか。われわれの肉体生命はいずれ亡びていくものでしかないのですから、永遠の生命とは決してこの肉体的生命の話であるはずはありません。聖書にいわれる永遠の生命とは、この肉体生命の底にあって働く創造する神の力のことであり、「われわれの生と死の分別を超えているいのち」そのもの、「創造する神のご意志」そのもののことです。

お釈迦さまは「生をも滅をも滅し已《お》わって」永遠の寂滅《じゃくめつ》である涅槃《ねはん》に入られました。イエス様は十字架につけられ「最後《いやはて》の敵なる死もまた亡ぼして」（コリント前一五の二六）永遠の生命として復活されました。このお釈迦さまの「永遠の寂滅」とイエス様の「永遠の生命」とでは、話が正反対であるかのように見えますが、いずれにしても「生と滅の二つに分かれる以前の神の創造のご意志」あるいは「生と滅と二つに分別する分別的思いを滅し已《お》わった仏の心」についてなのですから、実は全く同じことを言っているのです。

それで道元禅師は、これをもっとぐっとわれわれ自身の身近に引き付けて、「この生死《しょうじ》はすなはち仏の御《おん》いのちなり」と言われました。

つまり「永遠の生命にまで至る糧のために働く」とは、われわれが生きるのも死ぬのも、この「永遠の生命」「仏の御いのち」のままに生き、そして死ぬということです。これを禅門では「生也全機現《しょうやぜんきげん》、死也全機現《しやぜんきげん》」、生きる時は生きるのがすべて、死ぬ時は死ぬのがすべて、とも表現します。

しかしこんなことを言えば多くの人は「そんな『永遠の生命、仏の御いのち』のままに生き、また死ぬといっても、結局死んでしまうことに変わりはないのならつまらない。やはり現実世界に住んでいるわれわれとしては生きることだけを考え、生きている内に少しでも面白い目をして欲望満足することだけを考えればいい」と思われるのではないでしょうか。

でもそんな欲望満足のためにだけ働き生きていれば、いざ死ぬ段には、それこそ暗黒の深淵《しんえん》に突き落とされる思いをせねばならぬでしょう。たとえ長生きして幾らお金がたくさん積んであっても、もはや自分でそのお金を使う力はなくなってくるのだし、いかに名声を博していても、今やその名声とは関わりなくたった一人で老い、もはや何の前途もなくすべてが絶望的に思えてきて、心の深層においてはせめて早く呆《ぼ》けてしまいたいという願望をもつより他はなくなってしまうでしょう。その点われわれ、この肉体的いのちのある限りは、最後の最後まで「永遠の生命」「仏の御いのち」のために働くことをもって本当の生き甲斐とし、生きる希望として生きたいものです。

ところでこの「永遠の生命」「仏の御いのち」とは、決して現在の私からかけ離れてある遠い存在ではありません。私が先に「思いを手放して寝ている時も事実呼吸しながら生きている」と言ったその「力」のことです。このいのちの力は実は単に生理的いのちというだけではなく、生死を超えた永遠の生命にまでつながっているいのちなのです。つまり「この生死はすなはち仏の御いのち」なのです。

大切なことは今の私なりのいのちをもって、この生死を超えた永遠の生命にまでつながるいのちを自覚し、この永遠の生命のままに生きようと、この肉体的生理的いのちを深めていくことです。眠る時はただ安眠し、起きている時はいかにこの「御いのち」の働きとして、この「思い」を働かして活動するかです。

イエス様は生まれながらの盲目《めしい》の人について「この人の盲目《めしい》なるは何のためか」と問われて、「この人の盲目なるは神の御業《みわざ》の顕《あら》われんがためなり」と言われました。また良寛さまは「災難に逢時節《あうじせつ》には災難に逢《あう》がよく候《そうろう》、死ぬ時節には死ぬがよく候。是《これ》ハこれ災難をのがるる妙法にて候」と言われています。このように人間的はからいではなく、御いのちのままに生きることを深めていくことにおいて、初めて神の御業も顕われ、仏の光明も輝くのです。だから「いかにそういう朽つることのないいのちにまで至る糧のために働くか」ということに工夫努力することをもって、真の生き甲斐、生きる希望とすべきです。

ここにはもはや、自分はいま病気しているからダメ、健康だからいい、などという差別はありません。かえって健康なるが故に自分の真のいのちを見失ってウカウカ暮らす人が大半なのであり、病気だからこそ真のいのちを自覚する人もあるのだからです。その点、今のあなたが病気であることも、今の自分の小さな思いだけで生きる希望がもてぬなどと短絡的に結論することなく、かえってこれをもって、今の自分の深い底に事実働いている永遠の生命についてこそ目覚め、かつこれを深める契機とされることをお勧め致します。

14 癌を宣告され、死ぬのを怖れている人へ

この「死を怖れる」ということは、なにも今、癌だと告知されて初めて問題とすべきことではありません。実はわれわれ人間、動物としていつも死を回避し生きようとする本能をもっているわけですが、それに反し他方一切の生あるものは、遅かれ早かれ誰でも死なねばならぬことに運命づけられているのですから、一体これをどう受け取るべきか、誰でも彼でもみな決着しておかねばならない問題です。それなのに「死を怖れる」ことを自己の問題として取り上げたこともなく、口を開けばいつも金、金、金というだけで浮かれている今の世の中は、まさに「生存呆《ぼ》け時代」という一語に尽きます。

今あなたはせっかく癌を病《や》まれて、自分の死を真正面から問題として取り上げられたのですから、これをただ怖れるだけではなく、むしろこれを機会に積極的に本当の自己のいのちを見つめ、明らめ深めていく契機とされることをお勧め致します。

大体死ぬとは、このように「死ぬのは怖い」「何とか生きていたい」「今は死んでも死に切れな

い」などという思いそのものが、死んでいく時なのです。「生はよし、死は悪し」と分別するコンピューター的判断そのものが絶する時です。

そういう分別する思いが絶するとはどういうことか。——これをまた、今の自分の思いがいまだ経験したこともないこととして考えるから、一層怖れるわけですが、実はわれわれふだん熟睡する時には、いつもそういう二つに分別して考える思いが絶した処で眠るのです。ただそうして熟睡し、すべての思いが絶しているその時も、一分間いくつの割で呼吸していればこそ生きていて、再び目覚めて「自分は死んだのではなく眠っていたのだ」と後から思うだけです。

その点、実は眠りにおいて、われわれは日常いつも死の断片を事実体験しているわけです。眠りにおいて死ぬ稽古もしているわけです。死は結局永遠の眠りです。

ところが今の日本人は全く生存呆けしていて、生きることは明るく楽しいことであり、死ぬことは暗くて怖ろしいことだと絶対にキメコンデいます。こんな大前提の下に自分が死なねばならぬなら、それは苦しく怖ろしいことにキマッテしまうのは間違いないでしょう。しかしこれは今も言うように、現代という生存呆け時代における自己暗示の仕業《しわざ》でしかありません。

その昔、真実の御《おん》いのち、神や仏の信心に生きた時代の人々にとっては、死ぬとは西欧人の場合、神に召されるとか昇天するとか言ってきましたし、日本人の場合では、往生するとか仏様になるとか言っていました。このように受け取る処には現在のような暗さはなく、かえって何か栄光にみち、あるいは光明にみちみちた荘厳な響きさえもったものでありました。

　それがどうして今の日本では、こうも絶対的に暗いものとして受け取られるようになったのか——。これは現代人があまりにもただ享楽的になり過ぎてしまっているからです。つまり目前の欲望満足だけをよしとして、そのためにはいつまでも生き存《なが》らえて、若々しく好き勝手出来ることがいいことだと、キメコンデしまっているからです。

　しかしこんなつもりで長生きすれば、どうせ呆け老人になるより他はありません。キェルケゴールの言葉に、「人間にとって最大の刑罰があるとすれば、それは死ねないということだ」とあったのを記憶していますが、確かにそういうものでしょう。

　昔の人たちはもっと本当のいのちを見つめていましたから、こんなただ自分の欲望満足だけを最高価値としている人間たちを、「原罪のままの人」あるいは「煩悩《ぼんのう》だけの凡夫《ぼんぷ》」と言って、一段と低級下品な救い難き人間としていました。

　人間として大事なことは、せっかく人間として生まれて来たのですから、本当のいのちの在り方を知り、本当のいのちを深めつつ生きる魂の高貴さでなければなりません。以下こういう自分の生死問題につき、話の焦点をぼやかさず要点だけをはっきりさせたいので、例により詩みたいな形で書きまとめました。何といってもこれは大問題です。以下の詩を繰り返し繰り返し読まれつつ、あなたご自身の魂を本当に深め、高めていって下さることを願ってやみません。

一称南無仏

生はよし　死はわるしと　自己暗示して
それで死なねばならぬなら
どうせ恐怖のどん底
暗黒の深淵に引きずり込まれる思いだけ
だが死とは　このように生を願い死を怖れる
思いそのものが死んでゆく時
だから死ねば　仏様になったという
もし生死《しょうじ》分別の思いをはなれれば
たとえ生きながらでも　その儘《まま》ほとけ
この仏の眼から見てみれば
生死二つはなし
〝この生死はすなはち仏の御《おん》いのちなり[1]〟
つまり生死二つに分かれる以前の力で
ただ生き　ただ死するのみ

覚めて思う力と　眠っても息している力と
二つに分かれる以前の力で
思い　また眠るようなもの
それで起きる時は　はっきり起きて行動し
眠る時は　安らかにただ眠るように
生来《き》たらば生をつとめ上げ
死来たらば死をつとめ上げる
この生死二つを一目に見
一口に呑却《どんきゃく》している姿勢こそ
真の大安心底《だいあんじんてい》の御いのち
この生死二つに分かれる以前の
仏の御いのちを　いま　いま　拝む
いまの私のいのちの声がお念仏
〝一称《いっしょう》南無仏《なむぶつ》　皆已成仏道《かいいじょうぶつどう》[2]〟
とにかく発心《ほっしん》百千万発　死を怖れる代わりに
今の息を　今息するように

ただ南無仏を称えたてまつる

1　『正法眼蔵』生死
2　法華経・方便品。普通は「一たび南無仏を称うれば、皆すでに仏道を成ず」と読むが、ここでは「南無仏を一称しつつ、皆すでに仏道を成ぜん」と読む。

振り仰ぐ

振り仰ぐ　天地一杯
振り拝む　天地一杯
　宇宙から見たら
地球には国境がなかったという
そこには
　いとしい地球のみあったという
たとい宇宙にはゆかずとも
天地一杯を振り仰ぎ　振り拝みつつ
とにかく天地一杯に帰ろう
振り仰ぐ　天地一杯

振り拝む天地一杯

挽　歌

死ぬとは
ご苦労様でしたと
自分で自分を犒《ねぎら》いながら
自分の終止符を打つ時だ
その時　どんな狂い死に
踠《もが》き死にするにしても
それこそほんとにご苦労様でした
今や終わりました　と

II

15　人生とは何か、と悩む若い人へ

人生とは何か――これは誰でもない私自身が若い頃から求め続けた問題です。そして現在でもなお求め続けている問題です。ただ今の私として一応分かってきたことは、人生は深さであって、その真実はこの小さな自分の思枠《おもわく》（ふつう思惑と書くわけですが、ここでは敢《あ》えて思いの枠、囲いという意味で思枠と書きます）の中には、入り切るものではないということだけは間違いないと思うようになっています。そしてこのような人生に対し、何処までもその真実を問い続ける姿勢態度こそが、そのまま人生の真実なのだとして歩み続けています。

これに反し、人生とは何か――浅い処で簡単に結論を下したり、あるいはサトッタつもりになって、この問い続け求め続ける態度をやめてしまったら、いずれそんな中途半端な結論や悟りは、いつか必ず奪《と》り上げられてしまう時が来るでしょう。そしてその時、簡単な結論や悟りで傲慢《ごうまん》に生きてきた人は大慌《おおあわ》てに慌て、ただ怯《おび》えたり怖れたりするより他はないでしょう。

「神は何事もなし能《あた》う」とは聖書にある言葉ですが、確かに人間の簡単な結論や悟りを奪り上

げてしまうことぐらい、神様（神という言葉に抵抗を感じるなら大自然と言ってもいい）にとって、いとも容易《たやす》いことに違いありませんから、われわれ人間は神あるいは大自然に対しては、何処までも謙虚でなければならないということだけは先ず知っておくべきです。

その点、何処までも謙虚にいのちの深さを求め続ける態度であればこそ、われわれの思いもよらぬ、つまり自分の思いの枠からはみ出した不幸不運な事態や大疑問、さらにあるいは自分自身のジレンマのどん底に陥った時にでも、さらに大勇猛心をもってマッサラないのちから出直し出直し、より深い人生を発見していくことも出来ます。だから人生とは何より自己自身の修行の道場と心得て、自己自身のいのちの深さに向かって何処までも開拓開墾していく態度をもちましょう。しかし、そのためには今あなたが学生であったとしたら、学校の勉強に身を入れて学ぶことも大切です。というのは例えば碁や将棋にも定石《じょうせき》（定跡）というものがあるように、人生追求の道にもそれなりの定石があります。

つまり人生とは何かということについて、昔から先人たちも精一杯の努力をし、それなりの業績を残してきているはずです。そういう業績を学ぶことなしに、人生とは何かと幼稚な自分のアタマだけで考えても、どうせ本当の道が歩めるはずはありません。本当に人生とは何か少しでも深い処で問い続けたいと思うのなら、そういう先人たちの業績を充分学びとることが出来るほどに、こちらのアタマも高められていなければならないわけです。東洋の先哲、あるいは西洋の先哲の言葉一つを学びとるためには、その背景にある歴史や文化、またそのための語学力や論理的思考力などを身につけていなければならず、結局今の学校の勉強ぐらいは常識として学んでおくべきです。

人生とは何かと問うような若人たちは、それこそ受験のため、就職のため、エリートコースを進むためというように堕落してしまっている今の学校教育に対し、全く反感をもたずにはいられない気持はよく分かります。本来の勉強は今も言うように、世の中の各方面に向かう人それぞれの定石を学ぶための基礎知識としての勉強でありました。ところが今の学校教育はその点全く堕落しているわけですが、それが堕落しているからといって自分も堕落しなければならぬわけではなし、また、だから自分は学校で勉強する気になれないというのでも、あなたのように人生は何かと問う若人の取る道ではありません。

そういう今の学校の趨勢《すうせい》とは関わりなく、ただ自分自身の人生とは何かと問う定石を学ぶための基礎知識の勉強として、志を立てて学んでいかれることをお勧めします。そして学校を出られたら、さらに人生とは何かをそれこそ本格的に学ばれつつ、そしてある時、この人についてこそ学ぼうという人に出会ったら、その人を師としてより深く学びつつ、何処までも自己の人生を深めていかれることを期待しています。

これに反し、「自分は今、人生を悩んでいるために、今せねばならない勉強も仕事も手につかないのだ。だからオレは勉強も仕事もやりはしないのだ」と、まるで「人生とは何か」という悩みを楯として、自分の怠惰《たいだ》を弁護している人がいます。あるいはただ漫然たる趣味として「自分は人生を悩んでいる」と耽溺《たんでき》しつつ、人生に対して、なあに愚図《ぐず》っているのでしかない人たちも、掃《は》いて捨てるほどたくさんいます。

こんな人たちは初めから「人生とは何か」など問う資格はない人たちです。以上の答えは、もちろんこんな人たちへの答えではありません。

16　坐禅や念仏も続かない私が宗教生活を深めるために

大体あなたが宗教生活を深めたいという、その根本は何でしょうか？　それは結局、誰でも人間として直面している生死《しょうじ》問題を予感しているからです。生死問題とはたびたび繰り返しますが、まとめて言えばこういうことです。

(一) この自分は必死の生存本能をもち、常に心の底に生きようという思いを潜在せしめていること。

(二) それなのにいつか必ず——実は次の瞬間かも知れないという在り方で——死なねばならぬ絶対事実を突きつけられていること。

この矛盾した二つの事実は、これを意識しようとしまいと、必ず誰でもその内面にもっています。しかもそういう矛盾を考えるアタマそれぐるみがまた死んでいくわけですから、両重の意味でこの生死問題は興味深いものです。

これはすべての動物もそうであるわけですが、人間以外の動物はこれをまとめて表象する力はないので問題はないのでしょう。いや人間でも動物並みに生きている人たちは、やはり人生について何も悩むことなく生きているわけですが、しかしそれでも人間である限り何か不安を予感せざるを得ないのであり、また少なくとも死の直前に到るまでの間に、いつか必ずこれが問題となってくるのではないでしょうか。

その点、人類は太古から、はっきりこれを問題として意識的に取り上げないまま、しかしこの問題を予感する処に原始宗教を発生させてきたのだと思います。つまり自分は自分を生きていながら、必ずしも自分の思い通りにならないいのちを生きていることを感じつつ、そこに神（人間以上の力をもつ存在、上《カミ》）を考え、その神に対し自分のいのちの安穏を祈ったり願ったり、あるいはそのため自らに禁忌《きんき》や禁戒を課したりしてきた処に、いわゆる宗教を発生させてきたのです。しかしこの場合、自己のいのちの底の矛盾を予感しながらも、その問題を的確に把握し、これを生死問題として真正面から取り組む処まではいっていないので、結局、淫祠《いんし》・邪教《じゃきょう》・迷信・オカルトの類《たぐい》で終わり、かえって迷いを複雑にしてきたばかりであったといえましょう。

だから、そうした淫祠・邪教・迷信・オカルトの類と、真実の宗教との本質的相違は、何より上に述べた生死問題を真正面から取り上げ、これと取り組んだかどうかの一事です。坐禅にしろ念仏にしろ、ただこの一事を窺《うかが》えばこそ真実の坐禅であり念仏であることが出来ます。

その点、心弱い凡夫《ぼんぷ》といえば、実は誰も彼も心弱い凡夫でない人はいないでしょう。しかし心弱い凡夫だからといって、「この生死問題と取り組むことは出来ない」で済まされるものではありません。自分にとって自分こそカケガエのない自分であり、それなればこそ必死になって「生きたい」と思うわけですが、それだからといって死なずに済むものではありません。これはまさに絶対事実なのです。

この絶対事実に見守られながら今日の生活をすることこそが宗教生活というものです。それは目をふさいで済まされるものではなく、また逃げ回って済まされることでもありません。しかし同時に、それは合格・不合格の話でもないのであって、その点、犬畜生には犬畜生なりの一生があるのであり、人間には人間なりのいのちの深さがあるべきだというだけです。

そうです。今の日本人たちは、死は嫌なこと苦しいこと怖ろしいことと決め込んでいますから、いざ死ぬ時、それこそ苦しみ怖れつつ死なねばならないのは当然です。それに対し、お釈迦さまはそのご最後にはこう言われています。

「老病生死《しょうじ》の大海に没在《もつざい》す、なんぞ智者あってこれを除滅することを得ること、怨賊《おんぞく》を殺すが如く而《しか》も歓喜せざらんや」（遺教経《ゆいきょうぎょう》）

つまり死は必ずしも嫌なこと、苦しいこと、怖ろしいことと決まっているものではなく、歓喜として受け取ることも出来るのです。その点、先ず死ぬことに親しむ深さこそが、われわれのいのちの深さであり、これこそが真実宗教生活というものです。われわれはふだん生理的に生きている観点からばかり死を眺めて怖《こわ》がっておりますが、どうせ絶対死ぬ事実において生きているのですから、逆に死から生を眺めてみることこそ大切であり、これがわれわれのいのちを深くするでしょう。

それから坐禅でも念仏でもなかなか続かないと言われますが、それは坐禅・念仏によって何か特別な境地境涯が開けて少しはマシな人間になれるはずなのに、自分ときたら幾らやってみても相変わらず煩悩《ぼんのう》が次から次へ浮かんでやまない凡夫でしかない――そのあまりにも大きな格差に愛想が尽きる思いで止めてしまう、というのではないでしょうか。

観念的に一挙に悟ろうとするから、自分には出来そうもないと尻込みすることになるのです。そうではなく、「得一法通一法《とくいっぽうつういっぽう》、遇一行修一行《ぐういちぎょうしゅいちぎょう》」しつつ、少しでも自己を深めていくことを楽しみにし、喜びとし、努めていきたいと思います。

合格不合格の話ではないのですから、受験生のように不安がる必要はありませんが、しかしカケガエのない自己の問題なのですから、無責任に投げ出すことは許されません。お互い様、何処までも、じっくり自分なりに深めていきましょう。

17　坐禅しても生きる力にまでならないと言う人へ

坐禅をしてその効果を見ようというような手前には、本当の坐禅が行じられてはいないと言わなければなりません。例えば「坐禅してスカーッと坐れた時があった。もう一度あのような気分になりたい」とか、「初めて参禅会に出席した後の風景はガラッと違って輝いていたが、それ以後はどうしてもああいう気分にはなれない」などと言う人がよくあります。

しかし本当の坐禅は、そんな小さな自分の気分の問題の話ではありません。そんな自分の気分がよかろうが悪かろうが、そういう自分の思いの分別を投げ出した処にただ坐るのです。それが道元禅師の教えられる自受用三昧《じじゅゆうざんまい》の坐禅です。

これを沢木老師は「坐禅は自分が自分を自分することだ」と言われました。さらに私に言わせれば「見渡す限り自己ぎりの自己である自己」に坐るのです。自分より外の何かのアテに向かって行ずればこそ、何かになりますが、今こんな「見渡す限り自己ぎりの自己の深さ」に向かって進む坐禅である限り、もはや初めから何処にも行く処はありません。それで「何にもならぬ坐禅」と言うのです。この「何処へも行く処はない、何にもならぬ、自己ぎりの自己に坐ること」こそが、何より大事です。こういう趣《おもむ》き向かう処なく、取ることなく捨てることなき坐禅なればこそ、不染汚《ふぜんな》の坐禅ともいいます。

ところがいま世間では、坐禅や念仏についての通俗的な思い込みが広く浸透しています。いわく、一旦坐禅してサトリを開いたり、あるいはお念仏の中にご安心《あんじん》を頂いたら、まるで赤信号がパッと青信号に変わるみたいに、坐禅は坐禅に、念仏は念仏に、スッキリぴったりはまり込んで全く不動であるかのように語られていることです。しかし今はっきり申しますが、そんな話は全くのお伽噺《とぎばなし》です。

その点、私は若い頃から自己追求の現地報告者《ルポライター》をもって自任しつつ、三十歳から六十過ぎまでは坐禅し続け、六十二、三歳過ぎからは念仏修行に努めつつ今日に至っております。そしてそういう坐禅する自己の現地報告、念仏する自己の現地報告を申し上げますと、坐禅でも念仏でも、どうも従来の人の話は、それを行ずる当の本人の現地とは随分違うのです。

例えば坐禅というのは不思議な姿勢で、坐禅している人を外側から見ると夏はいかにも涼しげに見え、冬の寒い時はぬっくらと暖かそうに坐っているように見えます。ところが実際に坐っている当の本人としては、夏は熱気が内に籠《こ》もってくるのでいよいよ暑いのであり、冬は身体を動かしませんから冷えがしみ込んできていよいよ寒いのです。

また坐禅を外側から見ると、如何にも悟りすまして坐っているように見えますが（もちろんそんな気分の時もありますが）、たいがいはそうではありません。次から次へテレビでも見るみたいに思いが湧いてきたり、眠気の中にしっかり坐禅している夢を追っていたりです（この場合は外側から見れば、全く居眠りして舟を漕いでいます）。坐禅する当の本人としては、このようにフツフツと湧いてくる思いや眠気に対して、発心《ほっしん》百千万発、思いを手放し手放し、ただ悪戦苦闘しているだけです。

そんな坐禅なら、してもしなくても同じのように思われるかも知れませんが、実はそうではありません。静かになれば音も一層よく聞こえるように、坐禅して静かに坐ればこそ、ふだんには気付かぬ自分の煩悩が浮かび上がってくるのがよく分かるのであり、これをひたすら手放し手放し努めているという処に、立派な坐禅をしているのです。これは坐禅を終わった後から考えてみると、よく分かります。いかにも爽やかであり、少なくともその間クヨクヨ思いわずらったり、あるいは女、女と妄想をかいて過ごした時間とは全く違った気分です。

お念仏でも同じことです。阿弥陀様に抱かれたご安心《あんじん》の中に念仏申すつもりでいながら、いつの間にか口だけが惰性的に念仏しつつ、思いは馬か猿のように方々飛び回っているのが普通です。それを発心百千万発、生《なま》のいのちから出直し出直し念仏申すだけです。

とにかく坐禅でも念仏でも、そこに何か特別な境地境涯が開けると思うとしたら大間違いです。

少なくともそれを行ずる当の本人としては、そんな特別な境地とは思えないのが真実であり、もし反対に行ずる当の本人として今、特別な境地にあると思うとしたら、かえってそういう妄想をかいていたのでしかありません。

しかしこういうことは言えると思います。坐禅することにより、日常生活にその実際効果がないわけではありません。

私が出家した時のことですが、当時栃木県の大中寺《だいちゅうじ》という山の中の寺で五、六人の修行僧とともにおりました。毎月五日間の接心《せっしん》を二回ずつしていたわけですが、夏の七月と八月はお盆で自坊へ帰る僧もおり、それとは入れ代わりに外から夏休みでやって来る学生もいるので接心は休み。そして朝晩の坐禅も放参《ほうさん》（坐禅休み）することが多くありました。毎日規律的に坐禅しているわれわれとしては、放参はゆっくりして大変嬉しかったのでしたが、そんな生活が続くといつの間にか、われわれの仲間の中に何かモメゴトが起こってくるのです。ところが九月になって再び接心や朝晩の坐禅もきちんと行ずるようになると、いつの間にか夏のトラブルも忘れたように解消してしまっておりました。

そんなことを毎年繰り返してようやく気付きました。われわれ修行者仲間も、修行していればこそお互い同行《どうぎょう》の善知識《ぜんちしき》であるが、修行を抜きにすればどうせお互い凡夫であり、単なる他人の寄り集まりでしかないのだと。

坐禅が本当の生きる力になるとは、そんな微妙な処にあります。こんな微妙な処はなかなか自分には分かりませんから、とにかくやるより他はありません。これを「坐禅を信じてただやる」というのです。そしてまたこれを裏返して言うと、こういうことにもなります。

ある時「私は遠方なので、いつもこちらへ来て坐禅の指導を受けることが出来ません。自分が正しい坐禅をしているかどうか、間違わないための心掛けはどうしたらいいでしょうか」と、問われたことがありました。この時、私はこんなふうにお答えしました。

「あなたが正しい坐禅をしているかどうか、あなたの奥さんやお子さんが一番知っているのではないですか。『お父ちゃん、この頃坐禅するようになってから、時々カーッなんて大きな声を出して怒鳴るから嫌だ。坐禅なんか止めてくれないかなあ』というような坐禅は、どうせ間違っている坐禅です。それに反し『お父さん、坐禅するようになって、さすがに何処となくいい人になった。初めはお父さんが坐禅している時は少々目障《めざわ》りだったけれど、他処《よそ》で遊んでくるよりはいいし、家庭もお父さんが坐禅するようになってうまく治まるのだから、お父さんが坐禅なさる間だけは静かにしましょう』と、奥さんに言われるような坐禅をすることが大切です」と。

その点、坐禅の効果は問題とせず、ザンブリその中に飛び込んでただ坐り、ただ念仏するだけです。その時自分の思いとは関わらぬ処で、間違いなく立派に、坐禅すれば坐禅の世界が開かれ、念仏申せば念仏の世界が開かれます。それなればこそ祇管打坐《しかんたざ》(ただ坐る)といい、他力の念仏

（自分の思いからでない念仏）というのです。とにかくこんな坐禅をしたり念仏したりして、ひと時の時間でも過ごすだけは、われわれの人生としては素晴らしいことであることは間違いありません。

18　坐禅して一発悟りたい、と頑張っている人へ

道元禅師の勧められる祇管打坐《しかんたざ》――これを私の本師沢木興道《さわきこうどう》老師は「ただ坐る坐禅」と説かれ、私も当然そういう意味での、この祇管打坐こそを正しい坐禅と心得ている次第です。つまり見性《けんしょう》したり、公案工夫を積み上げて印可《いんか》証明を得たりするための坐禅ではなく、坐禅はただ坐るだけであるということです。しかしこのような坐禅について、当然道元門下であるはずの宗門（いわゆる日本曹洞宗《そうとうしゅう》）の坐禅修行者でも、疑問を抱く人が少なくないのが現状です。そしてその人たちが典拠としてあげるのは、先ず、

「上堂、山僧、叢林《そうりん》を歴《へ》ること多からず、ただ是れ等閑《なおざり》に、天童先師に見《まみ》えて、当下に眼横《がんのう》鼻直《びちょく》なることを認得して、人に瞞《まん》ぜられず。乃《すなわ》ち空手《くうしゅ》にして郷に還《かえ》る」（原漢文）（永平広録《えいへいこうろく》・巻二）

「予、かさねて大宋国におもむき、知識を両浙《りょうせつ》にとぶらひ、家風を五門にきく。つひに太白峯の浄禅師に参じて、一生参学の大事《だいじ》ここにをはりぬ」（弁道話《べんどうわ》）

などです。つまり「道元禅師ご自身のお言葉で『眼横鼻直なることを認得して、一生参学の大事を終わった』と言っておられるではないか。それに対してこのサトッタ覚えのない凡夫が『ただ坐って』いたとて、それこそつまらぬ坐禅でしかない」と言うのです。

　このように考えることは、外ならぬ私にも身に覚えがあるばかりではなく、沢木老師の下にやって来た修行者たちの中にも、そんな気になって沢木老師の言われる「ただ坐る坐禅」から逸脱して、見性禅、公案禅に移っていった人たちも少なからずありますので、よく分かります。

　大体沢木老師という方は、いかにもいわゆるの禅僧らしい風格の上に、人間的魅力があった方でしたので、初めて老師の話を聞いた人たちは、あたかも磁石に鉄が吸いつくように吸いつけられてしまうのです。そして、皆、老師は「坐禅しても何にもならぬ」（これは「無所得《むしょとく》無所悟《むしょご》の坐禅」についての老師流の言いまわしです）と口では言われるけれど、坐禅しているうちにはきっと「何でも何ぞになるに違いない」と決め込んでしまい、そして老師の下に参禅する人たちが多かったと思います。

　しかし外部から通って来て坐禅や接心をする程度ならそうまでは思い到りませんが、もし本気になって身を投じて出家し、老師の下の私たち修行者仲間に入り、べったり坐禅修行生活を始めた人々は、いつかは祇管打坐について疑いをもってきます。というのは、幾ら坐禅しても、それこそ本当に何の腹応えもないからです。腹応えがないとは、いかにも食べたという腹に溜った実感がないことです。いま坐禅して腹応えがないとは、サトリという一物が腹に溜らないということなのですが、修行に身を投じた若い人たちは「若い時代を、こんな何も身に残らないような坐禅をしつつ時を過ごしてしまっていいものだろうか」というような気になってしまうのです。そして一旦このように思いだすと、「何年修行してきている先輩たちでも、みな一皮剝けば凡夫じゃないか。やっぱりサトラなければダメだ」というわけで、出て行ってしまう人が多過ぎました。

——いや私自身がそんな疑い悩みを腹一杯経験しつつ、しかしとにかく沢木老師の遷化《せんげ》されるまで丸二十五年、老師に随侍《ずいじ》し坐禅生活し続けてきてしまったわけでした。

だからこんな疑いをもつ人たちの気持もよく分かるわけですが、一方、道元禅師・沢木老師の言われる祇管打坐の意味もようやく分かってきましたので、いわばその両者の通訳をするようなつもりで以下の話も書いてみます。いやここに通訳というコトバを私が使ったのは、修行者たちが道元禅師や沢木老師のコトバがワカラナイのはもちろんですが、他方、われわれ祇管打坐修行を始めた人たちの抱き始めた深い疑い悩みについて、あまりにも勝れていらっしゃる道元禅師や沢木老師には、お分かりになっていないのではないでしょうが、そのお言葉の意味が、われわれの疑い悩みにまで届いていない処もあるように思うからです。それではなはだ僭越《せんえつ》ながら、道元禅師や沢木老師のお言葉について、いささか私なりの註釈を入れさせて頂きながら、以下書く次第です。

というのはどういうことか。例えば今の「眼横鼻直なることを認得して、人に瞞ぜられず。乃《すなわ》ち空手にして郷に還る」ということですが、これをもし「今の息は今、息しつつ、自分は生きているのだと認得した」として受け取ったらどうでしょうか。

私がこんな註釈を入れるのは、『正法眼蔵《しょうぼうげんぞう》』一つ読むのでも、私は仏教学者として典籍の文字のツジツマを合わせるために読むのではなく、あるいはいわゆる宗門人として一字一句も絶対として罐詰のまま開罐せず、そのまま拝んでいるような読み方もしていないからです。かえって私としては、何処までもマッサラな自己のいのちを生き、そのマッサラないのちの生き方を追求する求道者として読んでいます。そして私に言わせれば、これこそが古教照心の読み方であり、また「仏道をならふといふは、自己をならふ也」の読み方でなかろうかと信じているのです。

とにかくそういう「マッサラないのち」として読んでみると、この眼横鼻直の話でも、平面的固定的な眼横鼻直だけの話ではなくして、「今の息を今、息しつつ生きている」という流動的な生《なま》のいのちの認得の話として、受け取られて然《しか》るべきだと思うのです。そしてそうしてみれば、これは何も坐禅して初めてサトッタ神秘的境涯の話ではなく、誰でも事実それを生きている当り前の話なのです。

それなればこそ『普勧坐禅儀《ふかんざぜんぎ》』の冒頭に「原《たず》ぬるに夫《そ》れ道本円通《どうもとえんづう》、争《いかで》か修証《しゅしょう》を仮らん。宗乗自在、何んぞ功夫を費さん……」と言われます。ではそれに続く「然《しか》れども毫釐《ごうり》も差有れば、天地懸《はる》かに隔り、違順纔《わず》かに起これば、紛然として心を失す」とはどういうことか。そういうマッサラな生のいのちを誰でも根本事実として生きているわけですが、これをアタマで思う時には、その場で「つかまれたもの」(概念化されたもの)として停滞してしまうということです。「思われたナマ」はもはや「生きているナマ」ではないからです。

「生きているナマ」は思い手放し、手放ししている処にこそ初めてナマです。坐禅はまさしくこの思い手放し、手放しの姿勢なのです。

ここで祇管打坐の実際について一言申し上げておかねばなりませんが、われわれ坐禅している時でも頭に思いが浮かんでこないわけではありません。いろいろ思いが浮かんでくる。しかしもしこの思いを追ってしまえば、それはたとえ坐禅の恰好《かっこう》していても、それはもはや考え事をしているのです。それでこの時「いま自分は坐禅しているのであって、考え事している時間ではない」と姿勢を正し、思いを手放して坐禅に帰るべきです。これを「散乱からの覚触《かくそく》」といいます。あるいは時には眠くなってくるでしょう。この時「いま自分は坐禅しているのであって、居睡りしている時間ではないのだ」とまた姿勢を正し、はっきり覚めて坐禅に帰るべきです。これを「昏沈《こんちん》からの覚触」といいます。

この散乱からも、昏沈からも、覚め覚めて坐禅に帰ることを百千万発しているのが坐禅というものです。つまり「坐禅という生のいのちを生きる」とは、このような発心《ほっしん》、修証《しゅしょう》を百千万発していることであり、祇管打坐とは、そういうものなのです。

道元禅師は「身心脱落《しんじんだつらく》」して悟られたと言いますが、その身心脱落とは何か。『宝慶記《ほうきょうき》』には、

「堂頭和尚《どうちょうおしょう》示して曰《いわ》く、参禅は身心脱落なり、焼香・礼拝《らいはい》・念仏・修懺《しゅさん》・看経《かんきん》を用ひず、祇管打坐のみなり。

拝問す、身心脱落とは何ぞや。

堂頭和尚示して曰く、身心脱落とは坐禅なり。祇管坐禅時、五欲を離れ、五蓋《ごがい》を除く」

とあります。つまり上に言ったような思いを手放し、手放し、百千万発している坐禅そのものが身心脱落なのであって、身心脱落といってこれも何も決して特別な神秘的境涯をいうのではありません。

このような坐禅なればこそ「まさにしるべし、これは仏法の全道なり、ならべていふべき物なし」（弁道話）と言われ、また「仏法の正門《しょうもん》なるをもてなり」（同）とも言われます。

大体われわれ一生を生きるのは、自分の人生というクルマに乗ったようなものですが、普通のクルマ運転においても居眠り運転、酔っ払い運転などは危ないと同時にまた、考え事運転、緊張運転は危険だといわれます。これは人生運転の場合も同様であって、これら「居眠り、酔っ払いという昏沈」と「考え事、緊張という散乱」のいずれからも「覚め覚める」ことこそが「人生運転の基本」となります。坐禅こそはこの人生運転の基本を実修実行することであって、それなれ

ばこそ「仏法の全道」であり「仏法の正門」なのです。そして道元禅師が祇管打坐の仕方を説かれるのにも『普勧坐禅儀』（普く勧められるべき坐禅の仕方）と言われる所以《ゆえん》もそこにあります。

「仏道の身心《しんじん》は艸木瓦礫《そうもくがりゃく》なり、風雨水火なり。これをめぐらして仏道ならしむる、すなはち発心なり。虚空を撮得《さっとく》して、造塔造仏すべし。渓水を掬啗《きくたん》して、造仏造塔すべし、これ発阿《ほつあ》耨多羅三藐三菩提《のくたらさんみゃくさんぼだい》なり、一発菩提心を百千万発するなり。修証もまたかくのごとし」（『正法眼蔵』発無上心《ほつむじょうしん》）

この「一発菩提心を百千万発するなり」ということを、いまだサトリを得ていない修行者たちに対し、修行をゆるくすべからざることを誡める言葉と思うなら大違いです。発心百千万発する処にこそ、生のいのちが生のいのちとして息づいているのです。ところが先に言ったようにせっかく祇管打坐の坐禅を始めながら、それが腹応えがないからといって修行に退屈し止《や》めてしまう人たちは、この「発心百千万発」を「アタマで考えて」しまうからです。そして「それじゃ大変だ。そんな百千万発せねばならぬのは、まだサトッテいないからだ。是非とも一発ドカンと悟って、一発で片付けたい」と思ってしまうのです。それはまるでわれわれ赤ちゃんとして生まれてきた時、「これからお前は一生の間、今の息は今、息しつつ、百千万発の呼吸をせねばならぬ」と聞いて、「それは大変だ。何とか、一生の息を一発ドカンとやらかして済ませたい」と思うようなものです。そんなこと出来るはずはありませんが、それなればこそ上の「発無上心」のご文

に続いて、

「しかあるに、発心は一発にしてさらに発心せず、修行は無量なり、証果は一証なりとのみきくは、仏法をきくにあらず、仏法をしれるにあらず、仏法にあふにあらず」

と言われます。つまり一発ドカンと悟るつもりになるのは、生のいのちを生のいのちとして受け取っていないからです。

とにかくわれわれ生理的ないのちでさえも一生の息を、その時その時、今息しつつ初めて生きていくのですから、いわんや生のいのちを生きるのも当然そういうものだとして「アタマで考えてしまう」のではなく、「いのちとして」受け取ればこそ、自分の生のいのちを生きる姿勢もキマリます。その時こそが「一生参学の大事ここにをはりぬ」であると同時に、本当の祇管打坐の修行が始まる時です。これを修証一如《しゅしょういちにょ》といい、証上の修《しゅ》ともいいます。

だから沢木老師は常に言われておりました。

「始めなき悟り、終わりなき修行だ」と。

19　頭では分かるのだが、身で分かりたいと言う人へ

自動車運転を教習所でならう人は、先ず自動車の運転の仕方を学ぶでしょう。運転の仕方さえも知らないのでは、初めから到底運転は出来ませんから。しかし一応運転の仕方が分かったからといって、それでいいというものではありません。何処までもそれをならっていくべきです。

道元禅師も「仏道をならふといふは、自己をならふ也」と言われますが、この「ならふ」の日本語の意味は「成り合う」という意味です。乗馬の場合は人馬一体「鞍上《あんじょう》人なく、鞍下馬なし」というように、今は人車一体にまで合体し「成り合う」のが大切です。

人生運転の場合でも、一応の運転方法がどういうことであるかだけは人に伝えることが出来るはずなので、そういう話だけを私はしてきているのです。だから私の本を読んでそれを一応学ばれたら、それからそれを心として「ならう」べきです。この「ならう」は全く当の本人がやる以外にはありません。当の本人が実際に修証《しゅしょう》し修証していく処に、当の本人の「身にツク」ということはあるはずです。

しかし、いかにその運転技術が身についていても、運転の実際はいわば生《なま》ものであって、刻々その時その時のものです。一瞬の油断がどんな大事故でも惹《ひ》き起こしてしまう危険は、いつもはらんでいます。

例えば自動車運転でも、何十年無事故ということで緑十字章を授けられたベテランの人もおられるわけですが、緑十字章をクルマに飾って運転している人をいまだ見たことはありません。それというのも、たとえ何十年無事故のベテラン運転者といえども、事故は一瞬のうちにどんな時にでも起こり得るのであり、それが「生《なま》のいのち」というものです。そんな事故を起こした時に、もしそのクルマに緑十字章が飾ってあったというのでは、引っ込みがつかないであろうことぐらい、そういうベテラン運転者ともなれば「生のいのちの恐ろしさ」とともに先刻ご承知だからではないでしょうか。

それと同じく、仏教においてサトリはないわけではないでしょうが、これを改めて意識すべきではないでしょう。「オレはサトリを開いてすっかり人生運転の技術を身につけた」と、緑サトリ章を飾るような人は、どうせ危ないサトリでしかありません。

人生運転の話が分かったら、いよいよ慎重に初心をもって、さらになお発心《ほっしん》し、発心し、刻々に生のいのちで生のいのちを狙いつつ生きることだけを心掛け、無限に一歩でも神の国に近づいていく深さこそを、われわれの自己の宗教生活としたいと思います。

20　修行しようとしまいと死ねば同じことと言う人へ

この問いを見て、私は思い出さざるを得ないことがあります。私は昭和二十四年の夏に当時京都洛北の玄琢《げんたく》にあった安泰寺《あんたいじ》に移りました。その頃の鷹ヶ峰、玄琢の高台はわずかな人家の散在する丘で、この西南の麓には金閣寺があります。

私がその安泰寺に移って間もない頃、朝の坐禅をしている時、消防車の行くサイレンを聞いて、何処か火事があるのだなと思っていました。ところがその日の夕刊に金閣寺全焼の記事が出ており、それも金閣寺の若い寺僧の放火によることを知りました。その若い寺僧は放火した後、裏山に登り金閣寺炎上を見ながら服毒自殺をはかったが死ねずに助かったということでした。これはその後三島由起夫の小説にもなった有名な事件ですが、その頃貧乏のどん底にあり、日々の托鉢や安泰寺の作務《さむ》に追われつつ、その中からわずかな時間をつくり出しては坐禅していた私には、そんな事件は大したこととは思えませんでした。そしてむしろ、金閣寺という伽藍を背景に生活だけは安定しているであろうその寺僧が、草むしりぐらいを嫌がっての放火など話が贅沢過ぎると思っただけです。

しかしそれからまた数日経って、その若い寺僧のお母さんが、わが子がとんだことをし出かしたと金閣寺の和尚さんにアヤマリに来て、その帰りの列車がトンネル内を走っている時、列車から飛び降り自殺したという記事が新聞に載りました。さらにその後、その寺僧は再び自殺したというニュースで、改めて私はこの寺僧のことをしみじみ考えさせられました。

この寺僧は恐らく、何も道を求めて金閣寺の徒弟となったのではなかったでしょう。それなのに毎日草むしりばかりでこき使われ、和尚からは叱りとばされるのでアタマにきて、大体こんな無意味な金閣寺みたいな寺があるからだと、考えるようになった気持は分かる気が致します。そしてこんなもの燃やしてしまい、自分も自殺してしまえばいいのだ。どうせ自分が生きていることも無意味なのだからと考えて、それを実行したのでしょう。

確かにそれから四、五十年も経った今となってみれば、この事件をタネに三島由紀夫の小説が残り、金閣寺が新しくなったぐらいで、どうでもよかった話といえば言えます。しかしそれを実行した若い寺僧——当の本人の気持になってみると、恐らく彼の当初予想した考えとは全く異ったことを、彼は体験しなければならなかったのではないでしょうか。つまり死んでしまえば同じことと考えたのに、そう簡単に彼の思惑通りには死ねなかったこと。そして彼のやった行為の社会的重大性を嫌《いや》というほど吹き込まれ、その行為が叱責非難されたこと。さらにそれを苦にしてトンネル内自殺した母の死も知らされ、今さらながら、自分を産み育ててくれた母の存在までも意識させられねばならなかったのではないでしょうか。

その点、修行しようとしまいと、またどんな罪を犯そうと、あるいは徳を積もうと——皆、死んでしまえば同じことと考えたのは「それを生きる、当の本人としての発想」ではなく、ただすべてを「第三者として見た上での発想」だと言うべきです。

同じように「死んでしまえば同じこと」と思って、もっと大それたことをした人として、ヒットラーも東條英機首相も挙げられるのではないでしょうか。世の中こんな考えの人たちによって随分引っかき回されているわけで、今そんなことも併《あわ》せ考えに入れながら「死んでしまえば同じこと」という発想の当否を考えてみたいと思います。

大体仏教では諸行無常を説くとともに、因果歴然《いんがれきねん》も説きます。死んでしまえば同じことというのは、すべて無常であって恒常にとどまり残るものは何もないということです。それに反し因果歴然は善因善果、悪因悪果、つまり因果関係は必ずあるということです。この二つは話としては全く相反することですが、生きた世界ではその二つとも真実なのだから、不思議といえば不思議です。それは一体どういうことか——。

私は最近こんな歌みたいなものを書きました。

無常とも判《わ》かぬひととき稲妻の
　短きいのち長きこの日々

この歌は果して意味が通じるかどうかさえおぼつかないので、この歌のこころを私自身が注釈を入れて申し上げます。

これは一口に言えば、われわれ人間のいのちは無常ではあるわけですが、本当に無常であると分かるためには、一生はあまりにも短過《みじか》ぎるのだということです。例えば大宇宙が始まり、この大宇宙から銀河系宇宙が誕生し、これからまた太陽系が生まれ、その中に地球が出来、さらにその地球上に生物が発生し、それからまた人類が姿を現わし、そしてその中に私が生まれてきた――などと考えると、そこではそれぞれの段階が、それこそ皆ピカリと光る稲妻の一瞬の出来事のように思えます。つまり大宇宙的時間からいえば稲妻の中の稲妻の、またその中の稲妻の……というふうに何度も重ねた短さにおいて自分の一生はあるのだと言えましょう。それで到底この短さの中では、この自分の一生が本当に無常であるとさえ分からないで終わるのではないでしょうか。

いま本当に無常とも分からなければこそ、早い話が「すべては無常だ、自分が死んでしまえば同じことなのだ」と簡単に結論を下してしまうのです。ところが本当の無常とはそんな「自分の一生は無常であるという考え」そのものが、もはやとっくに「無常する」ことなのです。というのは、「無常だから自分が死んでしまえば同じこと」という簡単な結論を下すことは、既に「無常である」という結論に停滞してしまっているからです。真実に無常が無常と分かるということは、とてもとてもわれわれの一生では短過ぎるのだと言わざるを得ず、それなればこそいよいよ謙虚に慎重に修行していかなければなりません。

つまり、それこそ無常の一瞬一瞬の深さは無限であって、それ故われわれは、むしろこの短きいのちの中に在りながら「長きこの日々」を生きているのだと知るべきです。そこでは全く因果歴然であって、その無常の一瞬一瞬を生きる当の本人、私としては、それぞれ善因善果、悪因悪果を経験せざるを得ないでしょう。

ということは結局、当の本人私としては「自分を生きるのは自分以外にはなく」「向上するのも自分持ち」「堕落するのも自分持ち」と心得、いよいよ自分のいのちを大事にしつつ生きていきたいと思います。そしてそれが修行というものなのであって、修行は決して他からオシツケられるイヤなことと決めてかかるべきではありません。金閣寺を炎上させた寺僧の冥福を祈りつつ、その引導をわたすつもりで以上の話を申し上げたことでした。

21 人生の意味を一口で聞きたい人へ

この問いを世間の人たちに問えば、たいがいの人は「そんなこと分かるもんか」と言うでしょう。稀《まれ》に「人生の意味とは――」と得々と語り出す人がいるとすれば、延々と長談議しながら結局、話している人自身何を言っているのだか分からなくなるような話をするのではないでしょうか。今、「人生の意味を一口で聞きたい」という問いは、まさにそういう長談議を聞き飽《あ》きた上での問いなのだと思います。そういうつもりでズバリ一口に言うことに致します。

われわれ皆、生きている限り、誰でもカケガエのない自分を生きています。決して世間相場的に入れ替えのきく人間価値を生きるのではありません。何処までも「自己の存在価値」を「自己においてもちつつ」生きるのです。

われわれとしては、この何処までもカケガエのない自分を生きている「当の本人」に立ち帰りつつ生きるべきです。修行ということも、このカケガエのない自分、「自己の存在価値を自己にもつ深さ」こそを修行するのです。人生の意味とは一口に言ったらそういうことです。重ねて言いますが、自己の存在価値は何処までも、決して外部的世間相場で決められるものではありません。

22 老師は何を求めて生きてこられたのかと言う人へ

私は若い頃から「進みと安らい」ということを自らの課題として生きてきました。ゲーテの『ファウスト』の中に「人間は進む限り迷う」というような言葉があったと記憶していますが、進みながら迷わず安らうような生き方が人間として必ずなければならぬというのが、若い頃からの根本確信であり、私はそれを求めて一生を生きてきました。

進みとは何処までも生き甲斐をもって目指す処に向かって歩みを進めることであり、これに反し安らいとは、どうしなくてもいいのだ、このまま此処《ここ》こそ落ち着き場所だと安住することです。この矛盾した二つを同時に受け入れるような生き方こそが、真実のいのちだと思い、このような生き方を私は私の中に住まう一切衆生のために開示したかったのです。

そして五十歳代の頃ようやく書けると思い、『進みと安らい』という本を書き刊行まで致しましたが、数年経つうちにやはりこれはまだ未熟だと思うようになり、これを絶版に致しました。そしてさらに追求しつつ、ようやく先の『御いのち抄』（柏樹社刊）という本を書き、この中に絶対間違いのない一事を載せました。ご参考までにそれを再録します。

進みと安らい

進みとは
見渡すかぎり自己である自己が
見渡すかぎり自己である自己に安らう
いのち落ち着きの深さ
安らいとは
見渡すかぎり自己である自己が
見渡すかぎり自己である自己に進む
いのち生き甲斐の深さ

これだけの言葉ですが、無限に深さのある言葉ですからじっくり味わって下さることを願います。

これを書いてからまた数年、今や八十歳の高齢となり、もはや自分より外部に向かって何かを求めつつ生き甲斐を感じるような力はなくなりました。「よりよい生活を求める欲」も、色気も、権力欲も、名声欲も――大体もはや世間の誰もが相手にしてくれなくなったばかりではなく、私自身もそれを追求するだけの体力、気力がなくなってきた第三期老人です。

しかし幸い、私は一生にわたってこの進みと安らいの問題を追求しつつ、結局「自己の依り処は自己のみなり。よく調《ととの》えられし自己こそ真の依り処なり」と言われる釈尊、そしてそれを引き継いで自受用三昧《じじゅゆうざんまい》を教えられた道元禅師、さらにこれを「自分が自分を自分する坐禅」として解説して下さった沢木老師の教えにしたがって、長年坐禅を修行してきました。今や高齢でもはや坐禅は出来なくなりましたが、しかしすべて「見渡す限りが自己ぎりの自己」であることだけは、信じて疑わなくなりました。たとえそれを疑い、また否定しても、それぐるみ「自己ぎりの自己」の一コマでしかないのだからです。それでこの「自己ぎりの自己」に坐る深さの中に、いよいよ落ち着いていく安らいを見出すのであり、またこの安らいの深さを見出していくことこそを、今の私の生き甲斐ある進みとしています。

その点、第33段「現地報告・老いの根底にひそむもの」にも書きましたように、もし若い頃からただ自己より外の何かのアテ――例えば色気とか生活向上欲、権力欲などだけを追求し、これだけを生き甲斐としてきていれば、もはや第三期老人ともなると、幾らこちらがそれを求めても誰も相手になってくれるものではなく、しかも実際としては自分自身もそれを追求する体力や気力が段々なくなっていくのですから、結局、後はただ呆《ぼ》けるのを待つより他はなくなるでしょう。

現代の人々は今いう色気や、金、金、金という生活向上欲や権力欲だけで生きてきていますが、このような生きる姿勢、生き方の行きつく処は、ただ呆け老人となるだけのことです。つまり今は呆けベルトに乗ったまま、みんな運ばれていっているような時代なので、やがて呆け老人の大量生産時代に入ることは間違いないでしょう。

今、私は自分の一生を振り返り、良かったと思う一事があるとすれば、この「自己ぎりの自己」の深さの道を、仏道を通して教えて頂いたということではなかったかと思います。

23 発心《ほっしん》して今から坊さんになりたい人へ

以下の話は、喰うか喰われるか、この世智辛い世の中を生きるのは自分の性には合わない。それよりか呑気《のんき》にお布施で生活しつつ、お茶でもたてて飲んでいられる坊さんになりたいというような、職業選びの人のためへの話ではありません。少なくとも自分の人生を悩んで発心し、仏道を修行するつもりで坊さんになろうという人のためへの話としてお聞き下さい。

このような発心修行を志した人は、何より出来るだけ良い師匠を見付け、また良い修行道場を探すことです。昔はそんな師匠、良い修行道場を探すために雲水として、網代笠《あじろ》をかぶり脚絆《きゃはん》・草鞋《わらじ》をはいて諸国を歩き回ったのでした。しかし今では大体いろいろな情報が出回っていますから、そういう情報を集め検討し、これという師匠につき修行道場に入ったらいいと思います。

それにしても仏道修行というのは、何より破我《はが》（我を破ること）無我（我を無くすこと）こそを修行するのです。この我《が》を破り、我を無くすとは、現在もっているオレの考えというモノサシそのものを投げ出す修行です。そのためには一旦ついた師匠、一旦入った修行道場の教え、規矩《きく》に忠実にしたがって、簡単にこれについて良し悪しを言ってはなりません。とにかく黙って少なくとも十年は一処にいて坐り抜くことが大切です。

もし十年未満で簡単に、いま自分の思いというモノサシで師や道場の良し悪しを言い、他にもっと良い師や道場はないかと探して渡り歩くなら、結局は自分の思いというモノサシ（我《が》）を張り、この我《が》を通しているに過ぎず、全く仏道修行にはなりません。

大体いかなる師匠といえど凡夫《ぼんぷ》であることには間違いはなく、完全者であるはずはないのであって、そんなこと初めから知ってかかるべきです。大切なことはこの「不完全者である師匠に、いかに完全なつき方をするか」を自己において修行することです。結局師につくということは、師をタタキ台として自己につくのです。だから道元禅師はこう言われています。

「仏道をならふといふは、自己をならふ也」（『正法眼蔵』現成公案）

「たとひ知識（善知識の意、つまり師匠のこと）にもしたがひ、たとひ経巻にもしたがふ、みなこれ自己にしたがふなり。経巻おのれづから自経巻なり。知識おのれづから自知識なり。しかあれば遍参《へんざん》知識（師匠を求めて諸国を回り歩くこと）は遍参自己なり、拈百草《ねんひゃくそう》は拈自己なり、拈万木は拈自己なり（つまり何を取り上げても自己を取り上げるのだということ）。自己はかならず恁麽《いんも》の（このような）功夫なりと参学するなり。この参学に自己を脱落し、自己を契証《かいしょう》するなり（この参学において我を離れて初めて本当の自己になるのだとい

うこと）」（『正法眼蔵』自証《しょうじ》三昧）

その点、修行は正師につくことが大切だとはよく言われることですが、この人こそ正師だと一体誰が決めるのでしょうか。それを決めるモノサシは単に自分の思い（我）であって、そんな正師を向こう側に幾ら求めて渡り歩いても、結局は我を張っているのでしかありません。正師というのはこの自己より外にいる他人ではなくして、まさに「自己が自己する坐禅」以外にはないのです。思い手放しの坐禅を事実修行する中にこそあります。

では師匠にはつかず自分一人で坐禅していれば同じことかというと、決してそうではありません。道元禅師は先の自証三昧の文の後で、またこうも言われています。

「しかあるに自証自悟等の道《どう》をききて、麁人《そにん》（慌《あわ》てもの）おもはくは、師に伝受すべからず、自学すべし。これはおほきなるあやまりなり。自解《じげ》の思量分別を邪計《じゃけ》して師承《しじょう》なきは、西天《さいてん》の天然外道《げどう》なり」

結局、師につかず自分だけでいれば気まま好き勝手だけとなり、決して仏道修行にはなりません。何処までも、やはり先ず良いと思われる師匠につき、この師について参学していくことです。幸い、まだ日本には正伝《しょうでん》仏法の坐禅を引き嗣《つ》ぐ師はいるはずです。そういう師について参学しつつ、とにかく良し悪しは言わず黙って十年は坐りましょう。十年経ったら後十年坐り抜き、二十年経ったら、さらに後十年。こうして三十年坐り抜くなら、大体一応、坐禅の隅々の風景、人生の風景も一目に見られるようになるでしょう。それにしても、もちろん修行はとにかく一生の修行であることは間違いありません。

なお、この正師の問題については、第32段「私家版教育論・正師論」でも取り上げております。

24　波瀾万丈の人生を、か弱い私が乗り越えていくために

25　罪も戦争も神の恩寵《おんちょう》なのかと疑う人へ

この二つの問題は続けてお答えします。先ず第24問についてですが、これが何でも起こってくる世の中において、どうすればウマク生きられるかの世渡り処世術を問うのであれば、到底私はそれに答えられる人間ではありません。私はこの歳になっても人一倍世間知らずの人間でしかないのですから。――その点ここでは、何処までも純粋な自己の人生という地盤の問題としてだけ申し上げます。

さてそういう観点から見れば、自己は結局何処までも自己を生きる以外にはないのです。どんな逆境に出会っても、どんなに絶望しても、自己は何処までも自己ぎりの自己であって、決して自己でなくなることはありません。たとえノイローゼになって「自分が自分でないみたい」と言ってみても、そういう「自分」であることは間違いないからです。

それに対し、普段われわれはいつも他を追いかけ回し他とのカネアイで生きているので、それ

で他に振り回されてしまっています。これについて釈尊は、

「他に依止《えじ》するものは動揺す」（スッタニパータ）

「自己の依《よ》り処は自己のみなり。良く調《ととの》えられし自己こそ真の依り処なり」（ダンマパダ）

と教えられています。ところで、ここに「良く調えられし自己」とは、決して単に「お行儀が良くなった」というようなことではありません。「どっちへどう転んでも見渡す限り自己ぎりの自己」という一事に立ち帰ることを方向としていることです。これを十方仏土中というのです。「仏は涅槃《ねはん》なり」「涅槃は畢竟《ひっきょう》帰《き》なり」と涅槃経にいわれていますが、畢竟帰とは「つまり帰る」ということであり、自己ぎりの自己の畢竟究極こそが仏です。決して仏様を他人の話として見るべきではありません。だから十方仏土中とは、十方（どっちへどう転んでも）「自己ぎりの自己」という仏（つまり帰り行きつく）にまでつながっている地盤（土）の中にあるということです。

しかし仏はふつう考えるように「自己ぎりの自己」という一物に端然と落ち着き払っているのではありません。かえってわれわれの自己はいろいろなことに出会います。しかしその出会う処すべては自己の人生風景であり、自己の人生内容なのです。つまりそういう「出会う風景、内容ぐるみの自己ぎりの自己」です。それは例えば地獄に落ちたら、地獄をつとめ上げることです。この「自己ぎりの自己として真正面からつとめ上げる姿勢」こそ、「よく調えられし自己」であ

り、「畢竟帰」であり、「仏」なのです。

いま私は決して仏であるはずはありませんが、それでもとにかく自己を生きているのは間違いないので、その限り私はあたかも植物が光に向かって成長するのと同じように、この「畢竟帰の自己ぎりの自己」にまで深まっていく生命方向においてあるから、十方仏土中なのです。われわれがこのような十方仏土中にあることは、私がそれを信じても信じなくても、拒否しても受け入れても、それとは関わりなく間違いのない絶対事実です。

この絶対事実を絶対事実としてそこに居直る処に、かえってわれわれは励まされ、力を与えられて自己に深まっていきます。それでこの絶対事実を仏の誓願《せいがん》ともいい、仏の慈悲とも呼びます。『大乗起信論義記』に賢首《げんじゅ》大師法蔵は言います。「衆生ノ真心ハ還ッテ自ラ教二化ス衆生ヲ一、此ノ真心ハ是レ仏ノ悲願ナリ」と。お互い様、出来るだけ何より先ず他に振り回されず、この「見渡す限り自己ぎりの自己である」在り方を自覚して、その方向に自己を深めていきたいと願います。

次に第25問についてですが、以上のように仏土中とは畢竟「自己の出会う風景内容ぐるみ、自己ぎりの自己に落ち着く仏」にまでつながっているという意味であって、決してふつう考えるような既成品的な荘厳仏土の中に在るという意味ではありません。

大乗経典が成立した順列によって、その表現の修飾が増幅されていった跡を辿《たど》ってみますと、法華経では単に十方仏土中唯有一乗法であったものが、涅槃経では常楽我浄となり、大無量寿経では安楽国、阿弥陀経では極楽となっていきます。

「自己ぎりの自己」の畢竟帰であればこそ、それは常に変わらぬ「常」であり、落ち着く処に落ち着いた安「楽」であり、自己「我」であり、染汚《ぜんな》する他は存在しないので「浄」であるというのが、涅槃経の常楽我浄です。

さらに浄土経典の安楽国、極楽の根本といえば、それらいずれも大無量寿経の「汝自当知」（汝自《みずか》ら当《まさ》に知るべし）の展開であり、それ故極楽といっても本来「青色青光、黄色黄光、赤色赤光、白色白光」の世界です。決して普通に考えるような花咲き乱れ、鳥や天人が舞うという既成品的な世界ではありません。それは何処までも「自己ぎりの自己」の深さの中にある世界なのです。

戦争の悲惨やアウシュヴィッツの残虐など、われわれそれらの写真を見ただけでも、およそ「仏土中」という言葉とは結びつかないものを感じるわけですが、しかしたとえ今の私にはそうは思えなくても、事実そういうことが起こってくる限り、これもまさしく十方仏土中であり、神の思《おぼ》し召《め》しによる展開でなければなりません。宗教の話は決して私の思枠の中に入り切れる話ではなく、私の思枠を超えた自己のいのちの深さの問題なのですから。

それで現実に、私自身がそのような悲惨残虐の中に投げ込まれるようになった時でも、「もはやこうなったら神も仏もあるものか」と言い出さず、これも「自己ぎりの自己の風景」として受け取ることが出来るように、いつも自分のいのちを深めていきたいと願うだけです。とにかく、たとえ「こうなったら神も仏もあるものか」と言い出してみても、それぐるみ「仏土中」であり、「神の思し召し」であることは間違いないのだからです。そしてまた、出来るなら、そういう悲惨残虐がわがいのちの中の風景として展開してこないようにこそ努め、祈り、働きたいと願います。それだけがわれわれのいのちの方向だからです。

26　今、死の床につき、急に怖くなったと訴える人へ

今、既に死の床につき、もはや修行も出来ない本も読めない方に一言だけ申し上げます。それは「心配するな。死ぬ時には、死ぬのが怖いと思うアタマぐるみ死んでいく」と。

以前にもこれと同じことを言ってこられた方に、同じくお答えしましたら、その方はこの言葉を書いてお仏壇に貼っておき、毎日お仏壇を拝む時この言葉をいつも見ていたら、心が大変安らかになったと、その後、言ってこられました。そんなふうになされてもいいのではないでしょうか。例えば枕元にこの言葉を書いたものを置かれ、時々見るようにでもなされたら如何《いかが》でしょう。

もう少し体力があって考えることの出来る方には、次の仏遺教経《ぶつゆいきょうぎょう》の最後に出てくる言葉をお味わいになられることをお勧め致します。死ぬことは決して怖ろしいと決まっているものではなく、かえって歓喜として受け取ることも出来るのですから。

「老病生死《しょうじ》の大海に没在《もつざい》す。何んぞ智者あって、これを除滅することを得ること、怨賊《おんぞく》を殺すが如く而《しか》も歓喜《かんぎ》せざらんや」

III

27　人類が根本的指標とせねばならないもの

どうせ社会的経済的などの観点からこの問題を考える力は、私には全くありません。あくまでも私はただ「自己」という観点から申し上げるだけです。しかしすべての人が「自己」を生きているのですから、以下申し上げることは間違いなく普遍的な意味をもっていると信じます。どうぞそのおつもりで、これを読まれる方々が深く自己自らに省思して下さることを願ってやみません。

さてそういう意味で自己を考えてみる時、先ずはっきりさせておくべきことは、われわれが自分を生きるのは何処までも「カケガエのない自分」を生きるのであって、決して「世間相場としての自分」を生きるのではないという一事です。

誰にとっても自分が「カケガエのない自分」であることは、いわば生理的本能的事実としての根本価値（何より大事なもの）であって、決して考えてから以後の話ではありません。それに反し「世間相場的価値」とは、人間同士が思惑をもち寄って展開した以後の世間における価値なのです。ところがわれわれ皆その辺を錯覚し、かえって世間相場的価値世界の中に「カケガエのない自分」が生まれて来たのだとして、世間相場的価値世界の中に「カケガエのない自分」の価値を追い求めています。

この「カケガエのない価値」と「世間相場的価値」の話をまざまざ分かりやすくするために、いま男女愛に譬えてみましょう。大体男女が本当に結びつくのは、美人コンテストに優勝したからとか、魅力的男性コンテスト優勝だったからといって結び合うのではありません。もしそうであったなら、この世で理想的に結ばれ合う男女はたった一組でしかないことになってしまいます。しかし実際にはそうではなく「蓼食《たで》う虫も好き好き」なのであって、「欠陥のある人であればこそ、私が補ってあげたい」とか、「彼女のヘチャである処が個性的で好き」などという、お互いその相手の欠点・弱味ぐるみの「存在そのもの」を「カケガエのないアナタ」として愛し合い結びつけばこそ、本当の意味の恋愛も夫婦愛も成り立つのではないでしょうか。

ところが今時分の日本の若い女性たちは錯覚し、三高などといって身長高く、収入高く、学歴高い——いわば世間相場の高い男性でなければ愛する価値がないようなことを言っています。こんな価値観の女性には、本当の恋愛も夫婦愛もあるはずはありません。こんな世間相場的価値しか考えられない人を俗物《ぞくぶつ》といい、私は男としてそんな俗物女など初めから相手にすべきでないと考えます。

いや私は、何もここに恋愛論を展開しようというのではありません。「カケガエのない自分」と「世間相場としての自分」の話がしたいのです。本当に「カケガエのない自分」とは、たとえ私がいかに地位なく貧乏であり、そしてまた無能力で欠点多き人間であっても、自分としてはやはり「カケガエのない自分」（無くなったら代わりのない自分）であることは間違いなく、このことだけが私にとってあらゆる価値の根本なのです。

　ところが今の人たちは皆、先ず世間相場の中に自分を放り込み、その自分の世間相場的価値を高めることだけに自分の価値を見出しています。こうなると「カケガエのない自分」とは、単なる我欲、利己主義としてしか働かなくなります。今は皆いかによりよい生活レベルに高めるかだけを価値としており、そんな人たちばかりの世の中です。それで世間相場的価値の奪《と》り合いで、当然そこには多くの敗者も出るだけではなく、最後には戦争で雌雄を決する処まで行ってしまいます。また狭く限られた資源の地球上で、競ってただ自分の我欲ばかりで行動するので、今やこのままでは生活環境が悪くなり、地球生物全体の破滅にまでつながる坂を転げ落ちていく風景となっています。

　その点、もし現代という時代が昔より進んだ点といえば、何といっても先ず民主的になったことが挙げられるでしょう。しかし肝腎なこの民主主義の主体となる人民が皆、上に言ったように自己の価値を取り違えて行動している限り、これは愚民主主義でしかありません。本当に賢明なる民主となるためには、人民の一人一人が決して単なる「世間相場的価値」のために生きるのではなく、「カケガエのない自分」を生きることを自覚するのが根本です。

というのは、もし「カケガエのない自分」を生きることを根本とし、その自己の中にかえって世間を見てくる時、初めて私の出会う一切が、実は自己のいのちの中味内容として在ることが分かります。それでこのカケガエのない自分を大事にするということは、私の出会う一切を自己のいのちの分身として大事にするこころです。それは私が出会う一切を大事に育てることの中に私自身も育っていくこころでもあります。「共に育つこころ」――これこそが大乗仏教の根本精神であり、キリスト教の隣人愛のこころでもあるといえましょう。

「今この三界《さんがい》は皆これ我が有《う》（所有）、その中の衆生は悉《ことごと》くこれ吾が子」（譬喩品《ひゆぼん》）

「毎《つね》に自らこの念を作《な》さく、何を以てか衆生をして無上道に入り、速やかに仏身を成就することを得せしめんと」（寿量品《じゅりょうほん》）

と法華経にはあります。

また新約聖書には「たとえ全世界を手に入れても、自分の命を失ったならば何の益《えき》になろうか」（マタイ一六の二六）と、先ず「カケガエのない自分」を言いながら同時に「わたしたちが愛を悟ったのは、イエズスがわたしたちのために命を捨てて下さったからです。わたしたちも兄弟のために命を捨てなければなりません」（ヨハネ第一書三の一六）と言い、また「よくよくあなたたちに言っておく。『もし一粒の麦が地に落ちて死ななければ、それは一粒の麦のままである。しかし死ねば豊かな実を結ぶ。自分の命を大切にする者はそれを失い、この世で自分の命を顧みない者は、それを保って永遠の命に至る』」（ヨハネ一二の二四、二五）と言われています。

このような仏典・聖書の言葉こそ、人類の父祖たちがわれわれに残してくれた尊い真実の智慧の言葉です。現代のわれわれは全く謙虚なこころをもって、これらの古《いにし》えの言葉を噛みしめたいと思います。

自分というものをもし外側から見て世間的にいえば、私は全く微小なる存在でしかありません。現在地球上の人口からいっても、私は五十億分の一の人間でしかないのですから。それなのに政治家たちなどはわれわれをおだてるために、ソラゾラしくも「人命は地球より重し」とか何とか美しい言葉をよく使います。愚民たちは本気にそのつもりでいるわけですが、実は一旦戦争でも始まれば、これからの時代では何百万どころか何千万、何億という人間が、一挙に大量殺戮されてしまうであろうことをよく心得ておくべきです。

決して世間的な人命が尊いのではなく、ただ自分にとって自分だけが何ものにもカケガエのない自分であるだけなのです。この自己にとっての自己の存在価値は決して、世間相場として外部から決められてしまうものではなく、何処までも自己が自己の深さに向かって掘り下げていく処にのみあります。そして深く掘り下げていけばいくほど、それは深く、ついに無限にまでつながるいのちです。これを仏教では久遠法身《くおんほっしん》といい、キリスト教では永遠の生命といいます。

これからの人類は過去の時代のように、愚民として上からの権威によって従わされるのでもなく、さりとて現代のように愚民たちが世間相場の中に闘争し、斃《たお》し合い、殺し合うのでもなく、かえってただ本当に一人一人がカケガエのない自己の存在価値を自己の中に掘り下げつつ、共に育つ時代を創っていかなければ、早晩地球ぐるみ亡びていくより他ないのではないでしょうか。

私は思い出します。子供の頃、大正時代のポンチ（漫画）にこんなのがあったことを、いまだに印象深く憶えています。その頃汽車といっていた一列車には、一等、二等、三等という差別がありました。一等二等では一車輛にわずかな人数の客が皆大きな顔でふんぞり返り、たまたま一人の荷物を持って入って来た老婆に「ここはお前の乗る処ではない」と追い出しているのに、夜汽車で満員になっている三等客たちがお互い詰め合いつつ、「オーイ、まだここが空いてるぞ、こっちへ来ーい」と呼んでいる漫画でした。

どうせこれからの地球は、地球資源には限りがあるのに、人口は増えるばかりで人口過剰になっていきます。お互い愛し合い、共に育ち合って、それぞれの自己が精一杯の花を咲かせる春こそを目指さなければならないのではないでしょうか。そういう「共に育つ」「隣人愛」の時代を到来させることだけが、人類として本当の意味の高い文化であり、進んだ時代であると思います。

今日のように生きる環境さえも滅茶苦茶にしながら、ただ自分だけの物質的贅沢を奪《と》り合い斃《たお》し合い殺戮し合う時代は、仏典や聖書の教える真の時代から全く後退し、荒廃しきった時代となっているとしか私には思えません。

私は皆が本当にカケガエのない自己を自覚しつつ、本当の意味での進んだ高い文化時代を到来させることを誓願とし、また、そういう誓願に生きる人が一人でも増えていくように呼びかける誓願をもって生きたいと思います。

28　生きる悦び・豊かな人生

「わたしはたとえ身は離れていても、霊ではあなた方とともにいます」と聖書にあります。これは聖パウロがコロサイ教会の人々に送った言葉です。

キリスト教で霊、あるいは聖霊というのは、今どきの日本人たちがいう霊魂とは全く違います。霊は「われわれの思いを超えたいのちの力」とでも表現すべきであって、私の言葉で言えば「思いで煮たり焼いたりする以前の生《なま》のいのちの力」です。

その点、われわれはいつも私という肉体や思いだけをわれと思っており、この自分の思いで見る限り、すべての人は他人です。しかしもし「思いで煮たり焼いたりする以前の生《なま》のいのち」として見るなら、決してそうではありません。それこそすべてのものと同じく天地一杯の空気を呼吸し、同じ天地一杯の水を飲み、同じ天地一杯の食物を食べ、同じ天地一杯のいのちを生きています。そうしてみれば、すべて他人と思っているのはただ私の思いの中だけのことであって、実際にはすべてのものと同じく生き、ともにいるのであることは間違いありません。

それで単にこの人間社会の中においてさえ、自分だけで生きているつもりで、自分だけのことを考え利己的行動だけで生きていれば、社会性を失い、この社会には生きられなくなります。同じように今日の人類でも、人間だけの地球だとして、人間勝手に環境汚染したり環境破壊したりすれば、それはやがて人類そのものがこの地球上には生きられなくなってしまうだけでしょう。

その点、われわれが「生きる」ということは、他に働いていればこそ生きるのであり、「他への働きの場ぐるみ」の自己を生きているのです。つまり自己の外に他があるのではなく、自己のいのちの中味として他があるのです。それをもし、この自分だけ生きるのだとして自己の働きの場としての他を抹殺してしまえば、自己は働きの場を失い、働きそのものがもぎ取られ、ついには植物人間となり死に到ります。われわれの自己は働きの場において生き、「働く相手としての他」を「わがいのちの中味として」生きているのだという事実は、よくよく省思すべきです。

つまり本当は、いま私の働きの場として出会う処は、すべてわが生命の分身なのです。「出会う処わが生命」とは、私の長年のモットーですが、このことを皆さんにもじっくり知って頂きたく思います。もちろん、なかなかこのモットー通りにはいきませんが、とにかく私はそれを心掛けています。

そして最近、上のパウロの言葉を深く味わうにおよんで、仏教でいう「衆生《しゅじょう》」という言葉を私も以前には「生きとし生けるもの」ぐらいの意味で受け取っていましたが、実は決してそんな表面的な意味ではなかったのだということを知りました。仏教でいう衆生は、自己の生《なま》のいのちとして「出会う処の衆多（おおく）に表われた自己のいのち（生）」という意味です。こう分かって以来初めて、諸経典の言葉の深さを一層しみじみ味わうことが出来た思いが致します。

「今この三界は皆これ我が有、その中の衆生は悉《ことごと》くこれ吾が子」（法華経・譬喩品）

「毎《つね》に自らこの念を作《な》さく、何を以てか衆生をして無上道に入り、速やかに仏身を成就することを得せしめんと」（同・寿量品）

「心と仏と及び衆生と是の三は差別無し」（華厳経・夜摩天宮品）

「衆生《しゅじょう》無辺誓願度《むへんせいがんど》」

これらの言葉は決してお釈迦さまにとってだけのことではありません。われわれにとっても皆衆生はこのような深い意味をもっているはずであり、だから自分のいのちをカケガエのない自分として大事に生きる場合、いつも上の仏典にいうように、自己のいのちの中味としての衆生を大事にしつつ生きるべき方向（誓願）が、わがいのちには既に組み込まれ内蔵されてあるのです。そしてこのような誓願を自覚し、この誓願にしたがって生きる処に、初めて本当に今、生きる悦びがあることを知るでしょう。そしてそれは深く知り深く行動すればするほど、深い悦びとなります。

いま私の処には、いろいろな方がいろいろな悩みや問題を訴えて来られます。私はそれらの問題をそのままわがいのちの問題として出会い、そしてお答えしています。いかにも自分にとって何にもならないことに努力しているようにみえますが、実はそのまま私自身のいのちの中味を豊かにしてくれているのです。もしそういう問題に対し、他人の問題だとして自分の問題としなければ、それだけ私のいのちの内容は貧しいままで終わるでしょう。

その点、まことに仏教でいう一切衆生とは、自己ぎりの自己の中に住んでいます。私は自己ぎりの自己を生きながらも、この自己の中に住む衆生がいかに無上道に入り、速やかに仏身を成就することが出来るかを、いつもこれを念として働こうと狙っています。これが「衆生無辺誓願度」です。この誓願は過去の仏や菩薩の誓願でもあったわけですが、決してそれを仏や菩薩という他人事とはせず、何より自己の生き方としたいと思います。

ところがこの誓願を妨害するものが、私自身の中にある煩悩《ぼんのう》です。煩悩はしかし真実ではなく誓願に生きることこそが真実なので、いかに煩悩は無尽《むじん》なりとも、これを生《なま》のいのちから出直し出直し断じていこうとするので「煩悩無尽誓願断」です。またこのような道理は、それこそ奥行きの深い道理なので何処までも学んでいかなければならず、それで「法門無量誓願学」です。そしていかに悠遠幽邃《ゆうおんゆうすい》とはいえ、この仏（畢竟《ひっきょう》帰《き》つまり行きつく処へ行きついた生き方）の道を、すべての人類に行き渡らせようとも誓願するので「仏道無上誓願成《ぶつどうむじょうせいがんじょう》」です。

この四弘誓願《しぐせいがん》はわれわれの最高至上の生き方ですが、それがどれほど実現するかしないかは決して合格不合格の問題ではなく、とにかくこのカケガエのない自分がただこれを狙って生きるだけです。それが「願生《がんしょう》の菩薩」です。私としてはとにかく、わが一生においてこのような生き方を学び得て、今この道において生きていることを、何といっても最上の悦びとしています。というのはこれこそ最高に豊かな生き方だと信じるからです。

今や地球上は一つになってきていますので、私はただ仏教だけではなくキリスト教についても、そのような「自己の生き方」として学び、自ら少しでも実践しつつ、出来るなら一鍬《ひとくわ》でもさらに深めた言葉で語りつつ、いつか本当の意味の新しい宗教時代をもたらす一端となりたいというのが、私自身の別願（私個人の誓願）です。老いてもなお、死ぬまでこの誓願において生きようと心掛けつつ日々を送ることが出来ることは、いま私自身の生きる悦びです。

29　仏教の本筋からみた輪廻転生

仏教では「諸行無常《しょぎょうむじょう》」を説き、そしてまた「三世《さんぜ》の因果」「因果歴然《いんがれきねん》」を説いていることはご存知の通りですし、第20問の答えの中にも取り上げております。

諸行無常とはすべてのものが常《つね》ならぬということ。前後際断《ぜんごさいだん》であって、つまり時間的な前後関係がバラバラであるということです。それに対し三世（過去・現在・未来）には必ず因果関係があるというのが因果歴然です。つまり時間的過去・現在・未来を貫《つらぬ》いて、そこには変わらぬ法則があるということです。

この二つは全く矛盾したことであるわけですが、仏教はその二つのことを同時に説いています。一体何故仏教はこのように、無常と因果歴然の矛盾した二つを同時に説いているのでしょうか。

——それは仏教が客観的存在事実を説くことを主眼とする学問なのではなく、ただ人間の真実の生き方を主眼としている宗教だからです。人間の生き方として、早い話が、そのような生き方をしていれば最後には行き詰まってしまうというようでは、真実の生き方とはいえません。絶対に行き詰まりのない、最も洗錬された生き方の教えこそが畢竟帰《ひっきょうき》（行きつく処へ行きついた生き方）としての仏の教えです。

ところが質問の輪廻転生などは、因果の連鎖を前提として生まれ変わり死に変わりしてやまないという話ですが、その一面だけでは結局理解出来ず、行き詰まりを来すことになるでしょう。

というのは現代では太陽も地球も宇宙空間の一つの天体であることが分かっており、またこのようなすべての天体、星には終焉《しゅうえん》があることも常識の一つになっています。いや大宇宙さえもビッグバンから始まったといわれますが、いずれビッグシューと消えてしまう時が来るに違いありません。そういう大宇宙の空間さえも消滅した後まで、霊魂が永劫《えいごう》に流転輪廻しつつ何処かにさ迷っているということがあるでしょうか。いやそういう永劫の時間の中では、死後の霊魂もいずれ滅するであろうというのなら、われわれは死んだ時、葬式するだけでは事足らず、も一つ死後の霊魂の葬式までもしなければならないのでしょうか。

こうなるともう全くのナンセンスでしかありません。大体そんなことまで考えるのが荒唐無稽の妄想なのだと言わなければならないでしょう。われわれの実際の死とは、そんな妄想を考える自分そのものが死んでいく時なのです。つまり因果歴然だけを真実と思い、そのつもりで生きるなら、結局行き詰まってしまいます。

ではわれわれのいのちは無常であって、死によって何もかも消えてしまうのでしょうか。もしそうだったら何をしても構わない、好き勝手に生きれば生きただけ得だということになり、それならわれわれ人間生活において、全く道徳や行為規範など破壊されてしまうことになります。しかし実際には放埓《ほうらつ》の仕放題をして、行き詰まったら自殺してしまえばいいつもりでやったところ、死に切れず、かえってそれ以後の一生を自分のやった仕放題のツケの支払いに当てなければならなくなっている、などの例は世の中によくあります。

その点仏教では、われわれはいつも因果の連鎖の中だけにあるという考えを常見《じょうけん》あるいは有見《うけん》といい、われわれのいのちはただ無常だけであるという考えを断見あるいは無見といいます。常見だけに生きれば、われわれ何処までも流転輪廻の一コマでしかないのであって、絶対にその輪廻転生の鎖を断ち切って解脱するということは、あり得ないことになります。こういう常見をもつ人たちに仏教は無常を教えます。それこそ死ぬ時には輪廻転生を考えるアタマぐるみ死ぬのだといい、また地球も太陽も銀河系宇宙も、大宇宙さえもすべて生住異滅《しょうじゅういめつ》（生滅変遷すること）するのだと説くのです。

これに反し断見だけに生きて、われわれ好き勝手すれば、し得《どく》だと考える人々には因果歴然を説き、今の自分の行動に慎重でなければならないことを教えます。そして例えば、自分勝手な思いのために他人を殺しでもするなら、それこそ亡霊となって出て来るなどともいうでしょう。

とにかく仏教は常見の人に対しては無常を説き、断見の人に対しては因果歴然を説くのであって、だからといって、もし無常だけだと言えばかえって断見となるのであり、もし因果歴然だけだと言えばかえって常見となってしまいます。つまり無常と因果歴然を同時に受け取る生き方こそが大切であり、これを中道《ちゅうどう》といいます。

「如実に集《じゅ》を観ずれば無見生ぜず、如実に滅《めつ》を観ずれば有見生ぜず、如来は中道を説き給う」（実際にいろいろのものが集まり成り立って、すべてのものが在ることをそのままに観《み》れば、全く無いとは考えられない。それに反し、実際にすべてのものがやがて滅してしまうことをそのまま観れば、絶対的に有るのだとも考えられない。それで如来はただ中道を教えられるのだ）（雑阿含経《ぞうあごんぎょう》）

では中道とは一体どういうことか。中道の中は中途半端の中でも、中間の中でもありません。かえって的中の中であり、ズバリ現実に的中する行動をすることです。

これは自動車運転にあてはめて考えれば、大体その言う処が分かるでしょう。自動車運転ではアクセルを踏めば発進し、ブレーキを踏めば止まり、ハンドルを右へ回せば右、左へ回せば左に回ると決まっています。だから自動車運転ではそれを無茶苦茶に動かしていいものではありません。自動車運転には決まっている処が決して無いわけではないからです。しかしすべてが決まっているかというとそうではなく、実際運転は刻々であって固定したことは何もないのです。

それで実際運転をするためには、キマッタ処は必ず先ず学ばなければなりませんが、しかしその学んだことを覚えればそれで済むのでもありません。覚えたことを思い出しつつ運転しているようでは、ギコチなく危なくて仕様がないでしょう。学んだ処をすべて手放しにして、刻々現場の風景に目を開き、それに対応し的中して運転していく処に初めて、イキイキした安全運転があります。

その点同じように、因果歴然と考える常見も、諸行無常と考える断見も、結局はアタマの考えたことでしかなく、それで見《けん》（見方・考え方）というのです。しかし実際運転はそんな見方・考え方ではありません。かえって学ぶ処は学びながら、しかしすべてを手放し、けれどまた、そこで眠ってしまわずはっきり目を見開き、的中運転しつつ生《なま》のいのちを生きることなのです。いきいきした生《なま》のいのちを生きてこそ、真実の最も洗錬された畢竟帰の生き方なのですから。――仏教の教える処はこの畢竟帰の生き方です。生きていながら、死後の霊魂などに引きずり回される生き方をしていいものではありません。

しかしさらに重要なことは、真実の宗教としての仏教は、ただこの肉体的生理的いのちの生きることだけをいうのではないということです。今どきの新興宗教はただこの肉体的いのちのご利益や興味だけを問題にしていますが、その限りはそれらは真実の宗教というべきではなく、単なる淫祠《いんし》・邪教・迷信でしかないことをよくよく知るべきです。真実宗教としては自己の生死問題を取り上げて初めて、われわれの人生についての真実の教えであることが出来ます。

ではその生死問題というのは一体どういうことか。本書ではそれについて何度も述べているわけですが、これは大切なことなので、また同じことかと思わず、ご自分にあてはめてよくお考え下さい。今それを誰にでも分かりやすく言うと、こういうことです。

われわれは生きている限り、誰でも本能的に必死になって生きたいと思っています。例えば、いきなり誰かに刃物やピストルを突きつけられたら、誰でも本能的に逃げようとしたり抵抗したりするに違いありません。つまりそれほど皆、生きたいと思っているわけですが、しかし同時に皆、必ず死なねばならない絶対事実の中に在ります。一体このようないのちをわれわれはどう受け取るべきなのでしょう。

人間以外の動物も皆、同じく必死の生存本能と同時に、死の絶対事実をもついのちを生きているわけですが、しかしこの二つの事実を同時に並べては考えられないので問題はないようです。しかし人間はこの二つの矛盾した事実を併せ考えることが出来る——少なくともそれを予感することは出来るので、これが問題なのです。この問題を考え、あるいは予感する限り、人間に本当の安らいはありません。これが生死問題というものです。

しかも、ここに死といっていることは、いま流行《はや》っている淫祠・邪教・迷信・オカルトなどの類《たぐい》の人たちが考えるような、死んでも死後の霊魂があるような死ではありません。大体西洋でも日本でも宗教的な伝統文化があったのに、それが衰微したためにいま全く改めて、迷信・邪教から始めているのです。文化としては本当に退化した時代と言わなければなりません。彼等の言う死後の霊魂とか死後の世界とか、それらはすべて生きている間に考える観念的な死でしかないでしょう。例えば火、火と幾ら言っても舌は火傷《やけど》しないように、死後の霊魂、霊魂と幾ら考えても、ちゃんと息をしています。決して死んではいません。死後の世界などというのは、生きている間の妄想遊びでしかないのです。

実際として出会う死は、そういう死後の霊魂とか死後の世界を考えるアタマぐるみが死んでしまうのが、自分の死というものです。そういう自分自身の死を本当に取り上げる処に、初めて真の生死問題があります。仏教はこういう生死をもついのちにおいて、いかに中道運転していくかこそを教えるのです。

今の日本社会で輪廻転生がもてはやされることに対し、仏教として一口にいえば、先ずそれは常見（有見）という辺見（カタヨッタ考え）でしかないというべきであり、同時にそれはまた、いまだ本当の生死問題を問題として取り上げていない、宗教以前の淫祠・邪教・迷信の類でしかないということです。死んでも死なない霊魂などを考えているのは、どうせ生きている間に考えるるだけです。そんなことを考えるアタマぐるみ死んでいくことを、本当にわれわれの問題として真正面から取り上げなければなりません。

生死問題

火、火と口で言っても
舌は火傷せず
死後の世界を考えても
息は止まらず　生きており
所詮死後の霊魂というのは
あたまの思いの中の幻影
実際の人の死は
あたまで考えた死ではなし
かえって死後の霊魂を考える
その幻影ぐるみの人間が
実際に死ぬことなのだ
　だがもし怨みを買うような
ことをして人を死なせれば
その人の怨みはわが心に残る
この残映を亡き人の亡霊という

生きている人間にとっては
この意味の亡霊は必ずやあり
それに反し単なる遊びとして
霊魂の存在を云々《うんぬん》している人が
実際に死ぬことは
あたかも火遊びしている人が
実物の熔鉱炉に
投げこまれるようなもの
遊びと実物と混同した幻影が
今や無惨に引き裂かれる
も一つの幻覚に
脅《おび》えねばならぬだろう
　これらいずれもすべて
永劫《えいごう》流転輪廻の一齣《ひとこま》にすぎず
それより人生としての一大事は
必死の生存本能をもちながら

必ず死なねばならぬ絶対事実
この矛盾のいのちを自己として
一体どうするかという一事

30　念仏が蛙の声でなく念仏である所以《ゆえん》

念仏の「仏」は毎度言うごとく畢竟帰《ひっきょうき》──「つまり帰る、行きつく処へ行きついた生き方」という意味です。念仏はこの畢竟帰のいのちに帰る（南無──帰依する）ことを、「今の心とする」（念）ことです。

普段われわれは、いつもいろいろのことを思い、その思いによって行動しておりますが、われわれの思いつくことといったら大体、日常の問題についても人生全般の問題についても、あるいは世界全般についても、常に実は「ああも考えられ」「こうも考えられる」ものでしかありません。だからいつも、思いによる行動は全く中途半端なものでしかないのです。

例えば、いつの戦争でもそれぞれが考えに考えたあげく、それぞれ絶対正義を叫びつつ、大量殺戮のし合いを始めます。しかしこの場合、必要にして且《か》つ一番大切なことは、そんな考えられた正義に血眼になることではなく、それぞれ皆が正気の沙汰に帰ることでないでしょうか。

そうです。念仏はまさしくこの正気の沙汰に帰る一事です。しかしこの正気も考えられた正気なら、やはり戦争における国同士の正義と同じことになります。例えば夫婦喧嘩の場合でもお互いが「お前、も少し正気になったらどうだ」「いや私は正気ですよ。あんたこそ正気で見直しなさい」などというのでは、双方とも正気に帰っているのではないでしょう。

この場合「正気」というのは、とにかく自分の「思いを手放して」「思いで煮たり焼いたりする以前の生《なま》のいのち」に帰ることです。

ところで生のいのちとは、思いで煮たり焼いたりする以前なのですから、思いによってこれとした形として掴《つか》めるはずはありません。それで無量無辺といいます。われわれの思いでは量れないから無量であり、またわれわれの思いでは掴む辺《ほとり》がないから無辺です。この無量無辺を人格化したのが阿弥陀様です。阿弥陀とは無量無辺の意味ですから。

だからこの無量無辺の生のいのちである阿弥陀様がわれわれの思いによって掴まれ、われわれの思枠《おもわく》（思惑）内に入り切れるものでないことは当然です。しかし実はわれわれが信じても信じなくても、この生《なま》のいのちにおいて生きていることは絶対事実です。というのはオレ、オレという思いを手放して眠っている時でも、ちゃんと呼吸しつつ生きているのが生のいのちであり、またこの生のいのちによって生まれても来、生《い》きてもおり、思うことも出来、眠ることも出来、そして死んでいくことも出来るのですから。――つまりわれわれは、どっちへどう転んでも絶対にそれから飛び出すことはない、阿弥陀様のお手の中にあります。このことをさらに擬人化して、阿弥陀様の無量寿、無礙光《むげこう》ともいうのでしょう。

「われもまたかの摂取《せっしゅ》のなかにあれども、
煩悩まなこをさえてみずといへども、
大悲ものうきことなくつねにわれをてらしたまへり」（正信偈《しょうしんげ》）

それでいま私が事実その中に生きている阿弥陀如来を念じて、それに帰ることにおいて合格、不合格はありません。事実として私は阿弥陀様のお手の中に在るのですから。しかし狙えばこそ帰るのであり、狙わなければわれわれは自分の思いの中の煩悩で幻想を描きつつ、それによって行動し、その限りその業果《ごうか》を受けて三界《さんがい》に流転することになります。

結局念仏は思いを手放し、正気の沙汰である生《なま》のいのちに帰ることなのですが、これは今も言うように、もはや人間的思いの中のことではありません。しかし思いの話ではないといって、たんに気を抜いて、惰性的に口だけで念仏しているのではそれこそ蛙の声と同じです。そこには必ずネライがなければなりません。

ではそのネライとは何か。——それはわが思いを手放して（自力根性を捨てて）、無量無辺の生のいのちとして（大悲の願力によって）、生のいのち（阿弥陀如来）を、拝み直していくこと以外にはありません。

念仏は易行《いぎょう》といわれます。確かに身体として坐禅をしたり修行をしたりするのではないので、老人や病人にも出来ることです。しかし、もしいま言ったネライを外せば念仏にはならないでしょう。浄土真宗の方たちもこのネライ（信）のために、聞いて、聞いて聞きまくる聴聞を大事とされるのでしょう。決して惰性的に称えていればいいのではありません。

仏土中南無仏

すっきりと片付き
南無仏申すにあらず
片付かぬこんな我にさえ
事実働いている生《なま》のいのちの御力
この生《なま》のいのちの御力をもって
生《なま》の御《おん》いのちを拝み直し拝み直し
南無仏し南無仏す

心もよ言葉も遠くとどかねば
はしなく御名《みな》を称《とな》へこそすれ　（良寛さま）

31　信心決定《けつじょう》の極意を明かす

以下、私がいつも言っていることなので、またかと言って読み流さず、つくづくご自分にあてはめつつじっくり考えながらお読み下さい。

われわれは普段いつも思いが展開する世界の中だけで生きており、この思いの世界だけがすべてだと思っていますが、実は決してそうではありません。少なくとも眠る時には思いを手放した処で眠るのです。眠りながら夢を見ることもあるのはもちろんですが、本当に熟睡している時には、それさえ全く手放しでしょう。しかもその間もなお一分間に幾つの割でちゃんと呼吸していればこそ、死んだのではなく生きていて、それで目が覚めます。そしてまた眠る以前の自分の思いに続けて、自分の思いの世界を展開させます。

つまり思いを手放しの処でも呼吸し続けていればこそ、眠る以前と以後が一貫しているものとして、自己意識も自分が生命体験する世界も在るわけです。そうしてみると、自己意識の底には「思い以上の生《なま》のいのち」が事実働いていればこそ、自己意識も成り立つことは明らかです。ところが普通には「我思う故に我在り」といって、「意識的自己」だけを根本だとしています。しかし決してそうではないことは、以上の反省によって（決して推理ではない）明晰判明の事実です。

　ところでいま言う「思い以上の生のいのち」とは「思いが働く以前の力」であり、私の言う「思いで煮たり焼いたりする以前」のいのちです。この生のいのちは決して単なる生理的いのちではありません。というのは「生理的いのち」は既に生と死と分別した後、「生理的に生きているいのち」だけをいいます。これに反し「生のいのち」は、生死あるいは思いと眠りを分別する以前の力なのであって、そういう生のいのちが働けばこそそれにより、思うことも出来、眠ることも出来、生きることも死ぬことも出来るのです。

　こういう「生のいのち」は、キリスト教でいえば「創造する神の力」そのものですが、仏教では「心《しん》」または「一心」といいます。心《しん》と言ってもいわゆる心理的こころではありません。「一心一切法、一切法一心」の心《しん》であり、『大乗起信論』でいう心真如《しんしんにょ》の心《しん》であり、離言真如の真如です。つまりわれわれ人間の場合、人間のこころの思いが働いて分別された一切世界を展開するわけですが、この生《なま》のいのちはそういう一切世界展開以前に働いているので「一心一切法、一切法一心」ともいいます。これが仏教でいう心《しん》の意味です。

　次に信についてですが、信は仏教の定義としていえば澄浄《ちょうじょう》という意味です。普段われわれはいつも思いにより分別しながら生きており、そのため純粋な「思いで煮たり焼いたりする以前の生のいのち」から宙に浮いて生活しています。それだけは混濁しているのです。

しかし、いかに宙に浮き混濁しているとはいえ、その根底に生のいのちを生きているのであり、どうせわれわれの身心（生理的心理的いのち）は、この「生のいのち」に帰っていく以外にはありません。というのは大体、この「生のいのち」によりわれわれ分別的思いも働かせますが、かえってその分別的思いによって「生のいのち」から宙に浮いてしまうのです。しかしその根元は「生のいのち」、天地一杯のいのち以外にはありません。

念仏のこころ

天地一杯からの食物を食い
天地一杯からの水を飲み
天地一杯からの空気を呼吸し
天地一杯からのいのちを生き
天地一杯の絶対引力に惹《ひ》かれ
天地一杯として澄み浄くなる
天地一杯こそ私の帰る処

この私はこの身心をもって生きている限り、私の身心にいつも天地一杯に惹《ひ》かれる引力が働いているると同時に、またその帰る方向も既に事実組み込まれてあり、内蔵されてあります。このことは私が気付こうと気付くまいと、あるいは信じようと信じまいと、常に働いてやまない絶対事実です。これを浄土真宗では阿弥陀様の招喚《しょうかん》の勅命《ちょくめい》といい、ご本願ともいうのでしょう。だから私自身の中にはこの信心決定《しんじんけつじょう》が実は既に誰にでも内蔵され、組み込まれてあると知るべきです。

しかし、せっかくのこの信心決定も、事実そのようないのちを生きているとはいえ、そのままでは何の意味ももちません。この信心決定している生《なま》のいのちを、あたかも生理的いのちが今の息を今、息するように、今、今、事実行じてこそ、いきいき生きて働きます。結局、信心決定という既成品的境涯があるのではなく、それはいつも今のいのちに今、帰る刻々の修行とともに初めてあるのです。

それで道元禅師はいつも修証《しゅしょう》ということを強調して言われます。修は修行であり、実際に行じるということで分かりますが、証ということは一体どういうことなのか――私は多年この語の意味を考えておりました。これは余談ですが、最近この証という漢字の象形を考えることにより、何かその言葉の深い意味が味わえるような気がしているので申し上げてみます。

証という字の本字は證です。この證のツクリである登の癶は、両足を踏みしめ踏みしめていく足の象形であり、その下の豆はもともと昇なのだそうで、結局、登は両足を踏みしめ踏みしめ高い処に登る意味です。次にこの登に氵《さんずい》をつけると、水が水として行きつく処に行く意味として澄《す》むことであり、また火偏《ひへん》をつけると、火が火として行きつく処に行く意味として燈《とも》すの意となります。證はこの登に言偏《ごんべん》をつけるわけですが、結局言《ことば》として踏みしめ踏みしめハッキリさせる意味となるわけです。

つまり信心決定は上に述べたように、思っても思わなくても、信じても信じなくても、誰のいのちにも本来組み込まれ内蔵されているわけですが、この信心決定の根本事実を足を踏みしめ踏みしめ行為として行じつつ、はっきり事実として表わすことが、修証《しゅしょう》一如《いちにょ》ということなのだと言っていいのではないでしょうか。あたかも風性《ふうしょう》常住《じょうじゅう》無《む》処《しょ》不《ふ》周《しゅう》であるわけですが、扇で事実扇《あお》げばこそ風も起こってくるのだと『正法眼蔵』現成《げんじょう》公案《こうあん》の巻にも言われてあるように——。

32 私家版教育論・正師《しょうじ》論

今にして思うに、私は一生の間に教師として生徒に出会う機会を二度もちました。第一度目は学校を終えて本格的にキリスト教を学びたいと思っていた折、カトリック神学校の教師として赴任することが出来た時です。

私が勤めた宮崎公教神学校は、当時の中学程度の一年生から五年生までの学校であり、国漢や数学、地歴などそれぞれ専任の先生一人ずつがおられましたが、その専任の先生の手の回りかねる時間だけ補うということで、私はいわば各科目の遊軍教師でした。それで実際に私が受け持った科目は、国語・漢文・作文・代数・幾何・地理・歴史の七科目であって、しかも一年から五年までの広範囲にわたりました。

私にとってこの教師就職は、本来キリスト教を学ぶための一手段であり、その教師たる意味は「人としての教師」ではなく、いわば「知識解説者」という職業選択であったと言えましょう。

しかし私は子供の頃から、自分の理解する範囲の知識については大体ワカリヤスク言い表わす自信をもっており、自分で言うのはオコガマシイことですが、この「知識解説者としての教師」をわりによく勤め得たと思っています。生徒たちがそれぞれの科目の専任の先生方より、私の話の方が分かりやすく面白いと言ってくれましたから。それでもし私がカトリック公教要理を勉強して、そのままカトリックに入信することが出来たら、この職は私の一生の職業になり得たことでしょう。

けれど公教要理を学びつつ、当時の教会の気分をだんだん知るに及んで、私はカトリックに入信するにふさわしくない人間であることを知るようになりました。今のカトリックは第二バチカン公会議(一九六二—一九六五)以来、大変プロテスタントや仏教に対して開放的友交的？となりましたが、私が神学校に教師となった頃(一九三九年代)では全く閉鎖的であり、仏教などとんでもない異教であり、邪教として見られておりました。

しかし私としては既にその頃から、これからの時代は仏教もキリスト教も固定的な宗派として受け取られるべきではなく、「ただ一つの自己の宗教」として見られなければならないと確信していましたから、もしそんなつもりで入信したら、当然破門されるだけだということが分かってきたのでした。それで「知識解説者としての教師」という職業選択は、私として必ずしも不適当とは思わなかったのでしたが、それよりも「自己を育てる」ことの方を私は自分の生き方として選び、神学校の職を辞しました。

　そしてその後、道元門下として出家したいと思い、沢木興道老師について得度《とくど》、以来老師に随《ずい》侍《じ》して二十五年。昭和四十年（一九六五）沢木老師遷化《せんげ》の後、直ちに安泰寺《あんたいじ》を出て自分の道を行こうとも思ったのでしたが、四囲の状勢から安泰寺を嗣《つ》ぐことになってしまいました。それで、やはり仏弟子となって長年修行をさせて頂いたことに対する御礼奉公もしなければならぬと思い、後十年安泰寺にとどまり、その間、出来るなら一個でも半個でも仏弟子を育てようというつもりになりました。これが私として第二回目の教師として生徒に出会う機会となったわけです。

　この時の私の教師として生徒への出会い方は「知識解説者としての教師」ではなく、かえって自己のいのちの中味としての生徒であり、その「生徒を育てる中に自分も育とう」という心構えとなっておりました。つまり私がいつも言う「出会う処わが生命」であり、生徒を育てる中に自分も育つ「共に育つ」こころでした。

　ところで、そういう根本的心構えの上で、私が実際的具体的に心掛けたことはと言えば、先ず第一に自分は決して正師《しょうじ》ではない。弟子たちが正師とすべき処は、弟子たち自身が修行する「坐禅そのもの」でなければならないということでした。道を学するには正師につかなければならないとは『学道用心集』にも言われており、普通にもよく言われることです。しかし正師とは誰か――ということについては、何も言われてはおりません。

　それでもし弟子が「この人こそ正師だ」と思う処から出発するとすれば、正師を選ぶモノサシは弟子の未熟な思惑だということになるわけです。それ故「この人こそ正師だ」としてつきながら、いつしか「この人は正師でない」という思いに変わって師から離れていくことは、その辺にごまんとあります。どうせ弟子の未熟な思惑をモノサシにしているのですから、いつそう変わっても不思議ではありません。

これに反し、師の側から「オレは正師だぞよ」と言って弟子に対する場合——しかし師といっても、どうせ人間である限り凡夫《ぼんぷ》なのです。この凡夫が弟子たちに「絶対間違わぬ正師」として対するとすれば、必ず弟子に対して見せる面と、その表面に対する裏側が出来てしまいます。世間にもてはやされる師の多くが、案外身近な弟子たちから全く信用されていない例が、これまた多くあります。この師を遠く仰いでいる場合にははなはだ立派な師なのですが、身近な弟子はこの師の生活ぶりを、その裏側から見ているからです。

つまり正師ということ、弟子の側から言っても、師の側から言っても、どうせ凡夫の言う言葉なのであって、絶対間違いのない正師などあり得るはずはないのです。本当の仏道の正師はそれこそ「三界の法にあらず、仏祖の法なり」(『正法眼蔵』道心)でなければならないのであって、このような正師は「ただ自己が自己に坐る自受用三昧《じじゅゆうざんまい》」以外にはありません。

これは間違いのないことだと信じたので、私は安泰寺を嗣《つ》いで仏弟子を育てる気になった当初から、弟子たちに「オレは正師ではないぞ。正師は君たち自身がする坐禅以外にはない。だから安泰寺に来た限り、良いも悪いも言わず、とにかく黙って十年は坐禅しろ」と宣言しておりました。

以上が正師についての決定《けつじょう》の説ですが、しかしそれなら「自分の坐禅だけを正師として俺は実際の師につかない。俺一人で坐禅から学んでいけばいいのだ」と思ったら、これも間違いです。修行ということはやはり具体的な師について学んでいけばこそ、自己が自己になるのです。しかし「この人は正師だ」と自分が測るそのモノサシが中途半端なのに、しかも実際に師を選んでつかなければならないと言うのなら、どうやってその師を捜しだしたらいいのかと思われるかも知れません。

だから——何処か外側に正師という絶対者があるわけではないのです。どんな立派な師といっても弟子といっても、どうせ人間としては不完全な凡夫同士です。大切なのは「不完全な師にいかに完全なつき方をするか」それを狙ってただやるだけです。

昔から「人を見ないで法を見る」という言葉があります。私も他の兄弟弟子たちが皆去っていく中で二十五年間沢木老師につきぬけたのは、老師の業相《ごっそう》についているのではない、老師の法についているのだというはっきりした狙いがあったればこそです。業相について、その良し悪しを言っても仏法とは関係ありません。師匠の良し悪しを測るのが大切ではない。ただ良し悪しを手放して、いかにそこで自分自身が完全なつき方をするかが問題です。

その時なあに誰についているのでもない。「知識おのれづから自知識なり」（『正法眼蔵』自証三昧）、自分についているのです。自分の中の一切衆生についているのです。自分の中の一切衆生に仕えるための具体的な仕え方を、いま師匠をタタキ台にして学んでいるのです。それが単なる観念ゴトでない血の通った修行であり、実際に師につかねばならない所以《ゆえん》です。

私は坐禅が正師だと言いましたが、その正師たる坐禅を通して、お師匠さんにも出会わなければなりません。そこでお師匠さんとブッ続きのいのちをともに生きている、その天地一杯のいのちにつき、その天地一杯のいのちを嗣《つ》ぎ、その天地一杯のいのちを確認し、また確認していく処に伝法ということもあります。

さて、こんなふうに私は考えて沢木老師につき、また弟子たちにも接してきましたので、私自身も「ともに坐禅する」一事を守りました。普通われわれの宗門では道場で坐禅する場合、和尚は対座、学人は面壁《めんぺき》して、見張る、見張られる形の坐り方を致します。安泰寺でも一炷《いっちゅう》や二炷の坐禅ではそういう坐り方をしましたが、毎月五日間ずつ朝から晩までベッタリ坐り詰めにする接《せっ》心《しん》では、師たる私も面壁して、何より接心は私自身の修行の時としておりました。これは思い切ったやり方でしたが、今でもそれで良かったのだと思っています。

そしてこんな接心をする安泰寺には、かえってたくさんの修行者たちが参集してきました。安泰寺を私が嗣いだ時点では、私のようなものに弟子がそう集まるはずはない、弟子が出来ても出来なくても、とにかくその心で十年、私自身安泰寺に踏みとどまろうというつもりでしたが、どういう風の吹きまわしか、この十年間にたくさんの弟子が出来たことは全く予想外なことでした。

しかも有難いことには、そうして集まってきた弟子たちの一人一人を見てみますと、どれもこれも皆、人間としては私よりしっかりした人ばかりでした。大体私は一生坐禅および求道の修行生活で通してきましたけれど、決して私がしっかりした人間であったからではなく、むしろ私は人間としては人一倍意気地なしであり、世間知らずであり、頼りない人間であることは、私を知る十人が十人衆目一致するところです。私は今まで叢林《そうりん》の中で修行してきたからといって、決して修行者たちの先頭に立ってやってきたというような勇ましい人間ではなく、実はいつも修行者仲間の後尾にぶら下ってただ修行を続けてきただけのことでした。

それで私は弟子たちにいつも言いました。「君たちは皆、私よりしっかりしている。私は全く意気地なしの人間だ。しかし長年坐禅してきたお蔭で、いま堂頭《どうちょう》として皆の前に師として立っている。だから私よりしっかりしている諸君たちがじっくり坐禅し続ければ、皆揃って私より大力量ある人間となって大働きするようになるのは間違いない。皆、自分のする坐禅こそを力として、とにかく先ず良い悪いを言わずに黙って十年は坐りなさい」と。――皆はそのつもりで修行し続け、それ以来既に二、三十年、今や各方面にそれぞれ働き始めてくれているわけで、これは全く有難いことです。

その点、私は意気地のない人間ですけれど、とにかく自分自身道を求めてやまない心だけはもっており、またそれを率直正直に言うことによって、修行者たちに求道の心を煽動《せんどう》する情熱はあるのかもしれません。そしてそれと同時にもう一つ、私は弟子たちを自分の思枠（思惑）内においていて仕立てようとしない点も良かったかとも思っています。私は安泰寺堂頭としての自分を、春の野に一番先に咲き出す小さな花、例えばほとけのざ、いぬふぐり、かきどおしのような、小さい花みたいなものだと思っていました。この小さい花は先ず皆に先立って春の来たことを知らせる花です。それで以後、桜や桃、チューリップ、バラ、牡丹《ぼたん》など、絢爛《けんらん》豪華な大輪の花々の開花を次々促します。

師たるもの、弟子たちをわが思枠内で見、自分の思枠からはみ出た芽は摘んでしまうようでは、弟子など育つはずはありません。たとえ育ってもすっかり萎縮してしまっているでしょう。弟子は決して師より低いもの小さいものとして見るべきではなく、かえってどれほど自分より大きく育つかを楽しみにして見るべきだと私は思っています。さらに弟子の弟子、またその弟子と、だんだん私より大きく育つことを期待していればこそ、私は一層楽しいのです。私は安泰寺の十年およびそれ以後も、そんな夢を見続けながら（この夢は決して私の野心ではなく、私の生きる方向、誓願です）弟子たちに対してきました。

しかし私がいかに頼りない人間であっても、堂頭としてある限り、やはりそういう修行生活を守る一山の主としての責任は感じていました。そういう意味で私が心掛けたことは、何より修行者たちがいつでも心安らかに修行出来るように配慮することでした。

例えば世間の参禅会など、たくさんのお金を寄附する人がいると、その寄附者は特別扱いにされることが多いようです。これは一般の修行者としては面白くないことで、そういうことは避けなければなりません。私はお金を寄附したからといって大きな顔をする人がいると、直ちに「あなたはわれわれに寄附する資格はない」と言ってお金をつき返しました。

また和尚の身の回りに女性がとり囲み、何となく修行者たちを押さえるなどということも、全く修行者として面白くはありません。私は毎月五日間の接心を初め、全く無言の行で坐り詰めにするという形にしたので、社交が楽しみにお寺へやって来るような女性は随分防げたと思います。

もちろん、いま述べたような私の心掛けは、いずれも万全にいったとは決して思っておりませんが、とにかく弟子たちがたくさん育ち、現在各方面で働き始めてくれていることは有難いと思います。それで私は一応弟子と呼んではおりますが、本当は「我が弟子たち」とは思っていないのです。かえってただ「ともにお釈迦さまの弟子」「共に育つ弟子」という意味で「友弟子」と呼び、私の友であり弟でありわが子である「友弟子」こそは私のいのちと思っている次第です。

Ⅳ

33　現地報告・老いの根底にひそむもの

今日は老いの根底にひそむものについて、現地報告させて頂こうと思います。というのは昨今高齢化社会ということで、社会問題として老人問題が大きく取り上げられ、いろいろの面から調査されたり研究されたりしてたくさんの情報が出回っています。また、いろいろ老人からの老後の経済不安や、家庭内のもめごとに対する愚痴などの声もあげられていますが、しかし案外、老人自身による老人自身の本質的な老いていく淋しさ、心細さについての心境報告は、全くなされていないように思うのです。

大体自分が年を老《と》っていくのは、決して社会的に年を老っていくのではありません。自分としては「全く初めて」「自分だけの年を老っていく」のです。例えば四十代の人が今度五十代という時には「やあ自分もとうとう来年は五十歳という大台に乗るのか」と思うだろうし、五十代の人が今度六十歳になる時には「自分も来年は遂に還暦か、定年の年なんだな」と、感慨を新たにするに違いありません。これは外部的にいわれる四十代、五十代の人というのではなく、全く初めての自分だけの年を老っていくからです。

ところで二十代から三十代、四十代、五十代ぐらいまでは大体一個の社会人として同一水準にあって、そう異質なものを感じないわけですが、六十代、七十代、八十代となってくるともはや決して同一平面ではなく、何かカクッ、カクッと段階的なものがあるようです。

まだ六十代ぐらいのことは既に五十代の人たちには、六十で定年になったら第一線から退いて淋しくはなるが、それだけ気楽でもあるだろう。ゆっくり細君と海外旅行にでも出かけるかなどと推測し、予定なども立てるでしょう。しかし七十代の人の心は、六十代の人には分からない。いわんや八十代の人の心となると、七十代の人には全く推測もつかぬ処があります。つまり自分にとっては「自分だけの年を」「全く初めて」老《と》っていくのです。

そこで私は考えました。初めての海外旅行でも、その地の交通状況やホテルなどの外的情報を調べると同時に、その土地へ行った人の旅行記などを読んでその地の旅行体験を聞き、それで人情風俗や生活ぶりなどを予《あらかじ》め知って出かけた方が何かと便利であるように、年を老るのにも、ただ老後に暮らそうと思う老人マンションを調べたり、そのために必要な老後の金だけを心配するというような、ただ外部的用意ばかり考えているだけだと、全く思ってもみなかった老いの現地に出会うことになるのではなかろうか。これはやはり「老人自身による」「老いの心境の偽《いつわ》らざる現地報告」を、皆さんにお報《しら》せしておくことが大切なのではなかろうかと考えたのです。

私は大体一生ただ「自己」だけを追求しつつ、それと同時に「自己の現地報告者《ルポライター》」をもって任じて生きてきた人間です。それで今までは全く世間からのアウトサイダーとして生きてきました。ところが今や私は満八十歳となり、この高齢化社会にあって私自身も高齢化人間となり、その点で今になって初めて世間並みの人間となったわけです。それで今までの自己の現地報告者的精神を活かして、この際是非、老人自身による、老人自身の心境の現地報告の話を語ってみたく思うのです。

今ここにお集まりの皆さんはまだお若く、働き盛りの人たちばかりのようです。しかしいずれ皆さんもだんだん老いに近づいていかれることは事実でしょう。ところがその老いとは実際にどういう気分になっていくものなのか予め知っておき、若い頃から用意すべき処は用意してかかられる方がいいのではなかろうか——今日はそんなつもりで、敢《あ》えて老いの現地報告という話をさせて頂きますから、またそんなおつもりでお聞き下さい。

現地報告とは、その地に足を踏み込んでみなければ出来ない報告なので、そういう意味で皆さんのお役に立つ処もあるかと思います。本当はもっと進んで九十代以降の報告も含めて話したいわけですが、それまで私がもつかどうか——もはや私自身いつ呆《ぼ》けてしまうか、死んでしまうか分からないので、九十代以降の話はいずれそれまで呆けずにいのちがあったら、また改めてさせて頂くとして、とにかく八十代までの話を申し上げることに致します。

さて一口に「老人」と言いますが、いま言うように老いは決して一列一隊のものではなく、むしろ段階的にカクッカクッと年を老《と》っていきます。それでいま大体三期に分けてお話しすることに致します。もちろん人によって個人差があり、またその時代やその地域によっても差異があるわけですが、現代日本という時代のおおよそからいえば、第一期老人というのは定年退職する六十歳ぐらいから七十歳くらいまでの十年間、第二期老人は七十歳から八十歳まで、第三期老人は八十歳以後と、大雑把に分けられるでしょう。

個人的差異とは、今どきでも五十代で既に呆け老人になっている人もあり、九十過ぎてもシッカリしている人もいるのだから、個人差があるのは言うまでもありません。

時代的差異とは、その昔「人生わずか五十年」といっていた時代では、老人の初めは四十代頃から始まり、第一期第二期第三期の期間も短縮されていたでしょう。

さらに地域差については、先日もイタリアから来た便りによると、今のイタリア人などは二十歳から四十五歳ぐらいまで働いて、それで年金さえつけば現役をさっさと退いて後はのんびり暮らすのが普通だそうですから、当然、今のエコノミックアニマル的日本人などとは、全く違った老後の在り方があるでしょう。それで今、六十代・七十代・八十代をもって、それぞれ第一期・第二期・第三期に当てて考えるのは、全く大雑把な話として受け取って頂きたいのですが、しかしとにかく老人に大体このような第一期・第二期・第三期という、段階的特徴があることだけは確かに言えると思います。

ではそれぞれの段階的特徴とは何か。先ず第一期老人について言いますと、この年齢において、今の日本では社会的に仕事が奪《と》り上げられてしまうということです。今は六十歳を過ぎてもまだ身体は健康、仕事能力はいよいよ練達し自らキャリヤーマンだと自負しているのに、還暦の誕生日をもってピタッと定年退職させられて、はなはだ不満である人は多いと思います。

しかし雇用者側から言えば、何といっても六十過ぎの老人はいつ倒れるか分からない。もし職場で倒れられれば会社がその責任を負わなければならないから、定年という一線を引きたいのは当然です。そして六十以上で元気な人は再雇用するにしても、高額の給料のまま現職にとどめるのではなく、低額にして閑職を与える機会としても、定年という一線は必要なのでしょう。

そういう意味で現代日本社会では、六十という年は確かにこれから老人に入るという区切りであると言えましょう。しかし今も言うように今の日本人は、六十歳ではまだ身体はピンピンしている人が多い。戦争直後の頃はみんな貧しかったから、それこそ今このまま死んだら葬式代もないというので、ほとんどの人が再就職して働いたわけですが、今の時代では皆、年金を持っており、もはや働きに出なくても遊びに行くぐらいの金は持っている。それで今どきの第一期老人たちは、昔の学校時代の同級生とか、あるいは同じ年頃の地域仲間とか趣味仲間の人たちと、月一回ぐらい会合して飲み食いしたり、海外旅行や温泉場に出かけるとか、ゴルフに行くとか――はなはだ結構な時代です。呆け封じの神参りとかポックリ寺参りをして廻る人たちも、大体この第一期老人が多いのではないでしょうか。

それでそのままポックリ死んでしまえば誠にめでたいわけですが、しかし人間一生には「まだその先がある」ことを考えておかなければなりません。しかもこの六十歳からの十年という長さは、子供の頃の十年あるいは若い頃の十年の長さとは、時間の経ち方がガラッと違うということも知っておくべきです。それこそアッという間に、第一期老人の結構な十年間は過ぎていきます。

そして今度は七十代という第二期老人となります。どうして六十代と七十代の間に区切りをつけるかと言うと、昔から七十歳を古稀《こき》と言います。古稀とは古来稀《まれ》という意味です。これは生きている人が古来稀という意味ではありません。ナニ今どき軒並み七十歳くらいまでは生きていますから、決して古来稀ではない。この古稀ということの真意については、江戸時代の川柳に「七十にして立つ隠居古来稀」というのがあります。これなのですね。これは少なくとも男にとっては、身にこたえる事実であることは間違いありません。

それで六十代から七十代に入った人の「当の本人的気分」として、少なくとも人生観が変わらざるを得ない所以《ゆえん》があります。しかもそれだけではなく、今まで月一回ぐらいずつ集まっていた仲間との会合なども、自分だけではなく仲間の皆が同じように身体がだんだん弱ってきて、今までのように頻繁な会合がこなせなくなってきてしまう。それで二、三ヶ月に一遍から、半年に一度、あるいは一年に一度というふうに間遠《まどお》になっていきます。

そして時たま集まった時に、それこそ皆でスクラム組んで「死ぬな、死ぬな」とお互い励まし合うわけですが、そのそばからゴボッ、ゴボッと仲間の一人一人が、牛蒡抜《ごぼうぬ》きになって消えていきます。これは今や老いたる人にとって、いよいよ身にこたえる淋しさです。その度ごとに喪服を着、香典を持って葬儀に参列し、弔辞を読んだり聞いたりしていると、いよいよ自分が死と隣り合わせになってきている気分にならざるを得ません。

私なんかも中学時代の同級生二百七十人いたわけですが、七十代の終わりになったら九十人以下となっていました。私たちの世代、戦争に行って死んだ人も多少はおりますが、ほとんど戦争に行ってはおりません。それでも二百七十人が三分の一以下となってしまっており、それも大半はこの七十代に牛蒡抜きになっているのです。その点七十代以降の当の本人的気分は、七十以前の人々には全く測り知られぬものがあるわけです。

六十代には先ず社会的に仕事が奪り上げられて、現役活動の一線から退いた淋しさだけであったわけですが、七十代には自分自身の体力が既に一人前の仕事が出来なくなっていくばかりではなく、幾らお金があっても暇があっても、もはや遊びに行く体力そのものが、だんだんなくなっていく時期なのです。そしてそういう意味の言い知れぬ淋しさが、ひしひし身に加わってきます。

うつろの日々

まだ生きているのに
残されてあるのは
あとは死ぬことだけ
この空虚感を一体どうするか
今やせねばならぬ仕事はなく
どこか遊びに出かける情熱もわかず
訪ねてくれる人もなし
他を怨《うら》んでみても何の反響もなく
今日も一日ただぼんやりと
テレビや表に往き来する人たちを
うつろな気持で見て暮らす
人生とはこんなにも侘《わび》しいものなのか

まあ恐らく七十代の人なら、ある日ある時、きっとこんな気分で日を送る時があると思います。しょっちゅうこういう気分でいるというわけではありませんが、七十代以前には思ってもみなかった、こんな気分になる日が出てくると思うのですね。

さらに第三期老人、八十代となると、これまた八十代にならなければ味わえない心境となってきます。いや、私自身まだ第三期老人に入ったばかりで、この第三期老人の心境の現地報告をするのはオコガマシイと自分でも思うのですが、今も言ったようにこれ以上時間を待っていると、それこそ私自身いつ呆けてしまい、現地報告が出来なくなってしまうか分からない危機感がありますので、とりあえず呆け寸前の処で現地報告させて頂く次第です。

さてわれわれ人間は、いつでも何か他に向かって働くことにおいて生きています。ところが第三期ではそのように外に向かって働く気そのものが、物憂《ものう》くなってくる段階です。つまり第三期老人となると、全く働きかける「相手」も「アテ」もなくなるばかりか、さらに他に働きかける「自分自身の気力」さえも失われてくるのです。

しかしそれでも、とにかく生きていることは事実であり、思う心は働いています。けれど今は全く未来への夢は描けず、結局自分の心の中だけで、過去を思い出しその映像を相手にして生きるということになります。しかもこの場合も楽しい思い出、良かった思い出などは、自分の現在をいよいよつまらなくみじめな思いにさせるのでやり切れません。それで結局は過去の悲しかった思い出、不幸だった思い出、口惜《くや》しかった思い出などを現在の淋しい境遇とつなげつつ、繰り返し繰り返し反芻《はんすう》することになります。いわば愚痴であるわけですが、この愚痴は自分をいよいよ孤独と絶望に追い込み、そのストレスが、今は身を動かすことも億劫《おっくう》な私の中に、重い雪のように降り積んでいきます。

そして最後には遂にほとほと疲れ果て、ある時、急に喜怒哀楽のすべては遠のき、無表情となって恍惚の境に入るでしょう。呆けとは人間最後に与えられる大自然の贈り物なのかもしれません。

これに対し一生を華々しく人の上に立って支配してきたような、しっかりしたボス的タイプの人の老後は、そういう過去の悲しみ嘆きの反芻をするよりも、現在自分が置かれている境遇に対する憤懣《ふんまん》や怒りが先に立つようです。しかし、もはやそれが罷《まか》り通ることはないので、結局後は全く敗残《はいざん》の思いだけとなります。

敗残

平地では雨は上から降ると決まっており
雨傘一本で大体通せるが

高い山では風雨は下から吹き上げてくる
それと同じく
若い頃では罵《のの》り叱責《しっせき》の雨は上から降るが
八十も過ぎる老いの山地では
罵り叱責の風雨は　今まで踏みつけてきた
目下のものから激しく逆巻き吹き上げてくる
従来自信をもって下を抑えつけてきたのだが
今やその昔の威厳は何処かに消え
声も細々と憐憫《れんびん》を乞うばかり
自分自身としては全く敗残の思いを
ただ噛みしめており
老いとはかくも惨《みじ》めなものなのか

このようなボス的タイプの人でも、この敗残の思いが限度を越えた時、やはり同じく恍惚の境に入らざるを得ません。その点、人間社会で上積みできた人も下積みとなって生きてきた人も、結局は同じく年老《と》っていくのであり、同じように呆けていくのです。

いや意識の表面では、誰も呆けたいなどと思ってはいないわけですが、呆けは孤独と絶望のストレスがある限界を越える時、心の底の深層において自らが呼び込むフシがあります。それこそ医学的にはアルツハイマー病とか何とかいう病気であることもあるでしょうが、老いの現地に立つ人間としての私には、老いの孤独と絶望のストレスが、呆けを呼び込む大きな要因であることは間違いないように思われるのです。その証拠に幾ら老いても家人が温かく出会って相手になり、あるいは適当な仕事が与えられてある老人には、呆けていない最高齢者が多く存在するからです。

あるいはまた、その辺の大衆が群がってワアワア言っているような迷信・邪教ではなく、本当の意味での宗教――「自己が自己に澄浄《ちょうじょう》する祈り」「阿弥陀様のお手の中にある信心」「神の愛の中にある信仰」などを生きている人たちは、何といっても「老いの孤独と絶望に負けない相手」を相手にして生きているので、たとえ生理的に呆けがやって来ても、呆けることは余程遅れるのではないでしょうか。その辺よく予め考えながら、若い頃から用意すべきは用意しつつ、老いの山地を踏みしめて行くべきだと思うのです。

以上老いの現地報告として最後にまとめて申し上げておきたいのは、老いとはだんだん孤独と絶望に陥《おちい》っていく時です。われわれは大体いつも誰か、あるいは何か「他とのカネアイ」で生きておりますが、老いて孤独になるとは、先ず相手になってくれる人がいなくなっていくからです。また絶望的となるのは、もはや何か外に向かって働くべきアテがなくなっていくからです。

つまり、われわれはいつも何かの相手やアテを前に置きながら、それによって生きる希望をもち、生きる張り合いをもっているわけですが、老いはもはや誰も相手になってくれなくなる時であり、また何かのアテを描く明日がもはやなくなる時です。第三期老人にとって、自分の明日は死以外にはありません。いつも死ばかりが念頭から離れることはなく、今は何を見ても自分の死と結びつけて考えずにはいられないので、それで絶望的気分がいよいよ濃くなるばかりです。

その点今の日本人のように、口を開けば金、金、金と言いながら、その金で何をするかといえば贅沢と享楽ばかりという場合——ところが老いは、その贅沢も享楽もする気そのものがなくなっていきます。例えば食べ物一つでも事実食べられなくなってきている。遊ぶといってもその相手なし、その体力なし、その意欲なしとなると、全く贅沢も享楽もつまらなくなってしまうのです。だから今や金、金、金と言って、幾らたくさんの金を持っていても、老いの最後となるともはや何の役にも立ちません。

それればかりか「こんな老人にたくさんの金を持たせておくのは勿体《もったい》ない」という親切な？　人が必ず現われてきて、そういう人が親切ごかしに「私が預かっておいてあげる」とか何とか言いながら、自分から金や印鑑を堂々と毟《むし》り取って行くでしょう。それを見ていながら今や怒る力もなく、拒否する力もなく、ただされるままに見ているより他ないのが老いの最後の時です。これではもう、せめて呆けたいと自ら深層心理において思い、呆けを呼び込まざるを得ない処があるのではないでしょうか。

それで今の日本の人たちの生き方では、高齢化時代で皆、長生きするようになると、これは皆揃って呆けてしまうより他はないと思います。それはいつも他とのカネアイだけの世界に住み、享楽とか金儲けとかいう何かのアテを描く処だけで生きてきており、それ以外の生き方を知らないでいるからです。宗教というのさえ、たくさんの人たちが群れてワアワア言うことが宗教だと思っているのですから、老いてそんな皆と一緒にワアワア言う体力や気力がなくなってしまったら、もはや何の役にも立ちません。それというのも今どき宗教、宗教と言っているのは、生きる遊びの一つとして見ているのでしかないからです。

その点、真実の宗教として問題とせねばならないのは、何よりわれわれ人間、皆、生存本能で必死に生きたいと思っている、それに反し同時に、われわれ誰でも必ず死なねばならぬ絶対事実をもついのちを生きています。この矛盾のいのちを一体われわれはどう受け取るべきか。本書の中で何度も繰り返して取り上げておりますが、この生死《しょうじ》問題についての絶対的態度を教えるものだけが、真実の宗教でなければなりません。

それに反し、そういう意味の真実の宗教心はさらさら無く、ただ金、金、金だけで生きている今の日本人たちの生き方の延長線上には、呆けがあるだけです。つまりその老い先は「呆け」が保証されているベルトに乗せられ、運ばれて行っているだけであると言っていいでしょう。

その辺、既に老いてしまっている私のこの老いの現地報告の話が、これから老いに向かって生きていく皆さん自身の生き方を考えるのに、警告として少しでも役立てて頂ければ幸せに存じます。若い頃からただ「呆けコースのベルト」に乗って運ばれて行くような生き方を反省し、もう少し何とか生き方の工夫があって然《しか》るべきではないかと思っております。そんなつもりで以上の話を申し上げた次第です。

なお今日の話の続きとして「老いと共に育つ」、つまり私の老いの修行について、次に書かなければならないと思っております。

34
老いと共に育つ

以下の話は、若い人たちは読まないで下さい。読んではいけないというのではなく、読んでも若い人たちには別世界の話としてしか受け取れず、何の役にも立たないであろうからです。しかし若くても人生について真剣に問題をもつ求道者《ぐどうしゃ》は例外です。

それに反し中年以後の方たちには、是非とも読んで頂きたく思います。中年以後、第一期老人、第二期老人の方には、それこそ遠からずやって来る老いの末期において、自分は一体どういう気分になっていくものかと同時に、それを生きるのにはどうしたらいいか、予《あらかじ》め知って用意に取りかかられる方がいいと思うからです。いやそんなことは先のことだと思われるかもしれませんが、初老に踏み込んでからの十年、二十年は、若い頃とは全く違いアッという間に経過するのであって、その時になってからでは、もう老いの最後を用意するのには、身も心も力を失ってきてしまっているからです。

あるいはそんな老いぼれる前に、自分はいのち終わっておきたいという方もおられるでしょう。

しかし私は断言しますが、そういう恰好いいことを言う人に限って長生きし、老いさらばえて、老いの醜態を人前にさらすようになるのです。ともかく私は呆けないとか、ポックリいくとか幾ら言っても、それは全く観念ゴトであって、いかに老いぼれようと生きている限りは生存本能として生きずにはおられず、決してキレイな観念ゴトでは済まされないのです。むしろ積極的にその用意すべき処は用意をしつつ、生きられることをお勧めします。

前置きが長くなりましたが、フランスの賢人の言葉にこういうのがあります。「青年は柔軟なる四肢と硬直せる一肢を有す。老人はこれに反し、硬直せる四肢と柔軟なる一肢を有す」と。私は何も初めから好んで話を落とすつもりはありませんが、このことは否定すべからざる現実であり、この現実を無視して、若さからやがて老いていく人生は考えられないと言いたいのです。ことに上の言葉の四肢は「生存の働き」を象徴し、一肢は「生存の悦び」を象徴する言葉として見る時、若さと老いの違いもまざまざと浮かび上がって来るのではないでしょうか。若さと老いは生存に関する限り、ガラッと変わってしまうのです。若さでは働きそして悦びをもつのに対し、老いてはもはや働きも悦びもなくなります。両者は同じ人間でありながら、極言して言えば全く別異の生物体なのだと言うべきではないでしょうか。

しかし多くの人はその辺の切り換えが出来ず、老いを若さの延長上に考えてしまっています。けれど若さの観点からだけ老いを見れば、老いは全くの敗残者でしかないでしょう。

その点、私も若い頃からこの歳まで、当然たくさんの老いの最後と死を迎える人々を身近に見てきました。ほとんどの人は自分の若い頃には予想もしなかった老いの最後と死を前にして途方に暮れている姿です。中には自分の死を率直に恐れ戦《おのの》く人もあります。あるいはすべての生きる望みを諦め、老いの憂《う》さを紛《まぎ》らわすために専ら酒にひたる人もあります。とにかく、老いの最後が斯《か》くの如きものであると覚悟し用意されてない処では、老いの最後は、あまりにも一日一日が長過ぎますから。

――私はそうした人たちの姿を目のあたりにして何も言う言葉を知りませんでした。いまだ私自身が老いや死に直面しているのではなかったのですから、たとえ何かを言ったとしても、すべては単なる観念的コトバでしかなかったでしょう。

しかし私は、そういう老いの最後や死に直面した人たちの姿を事実目撃しつつ、すべてこれをわが問題としつつ修行してきました。私のこうした生死《しょうじ》問題に取り組む姿に対し、厭世《えんせい》的だと言う人もありましたが、今や私自身実際に老いの最後となってみれば、実にこれこそが人生の現実なのでした。

私はそういうことを早くから自分の問題にしながら、また幸い一方では、身近に昔ながらの信心信仰を身につけ、老いの最後や死に対し、深い喜びをもって迎えている実物見本となる人も何人か見てきました。それでそういう人々における、その信心信仰の中味が一体どういうものであるか——私は大体好奇心旺盛な上に理屈っぽくて、すべての構造を考えることが好きな人間なので——それを考えつつ、ノートにいろいろ書きつけてきました。今それを整理して、以下皆さんに見て頂くことに致します。

以下のこと大体一口に言えば、われわれ「七、八十年、長くても九十年百年のいのちで死んではバカらしい。せっかく生まれてきたのだから、このいのちをもって永遠に死なないいのちこそを生きるべきだ」ということです。こう考えるのは別に特別なことではなく、人間の生存本能として当然のことと言っていいのではないでしょうか。

というのは人間の生存本能は何も「死にたくない、生きたい」というばかりではありません。「いつでも退屈せずに生きたい」という形としても現われます。それでその退屈しのぎのために、例えば若い頃にはパチンコ屋やカラオケボックスにでも駆け込みます。しかし老いや病《やまい》で、もはやそれだけの体力がなくなればそれも出来なくなります。しかしそれでも、退屈しのぎをせずには老後の長い日々が経っていかないので、今や過去の、あるいは現在置かれている不幸や不運を探し出しつつ、怨んだり悲しんだり嘆《なげ》いたり、さらには既に自分の手許から離れてしまっているわが子や孫の心配をすることによってでも、とにかく退屈しのぎをするでしょう。

これがもはやわが身は動かず、そして世間からも相手にされなくなってしまっている、多くの老いの最後を迎えた人たちが辿《たど》る道です。しかし幾らこんなことを繰り返し繰り返し思っていても、「絶対どうにもならぬ壁」に出会って、ある日突然、恍惚となってしまいます。

つまり老いの最後の最後になっても生きている限りは必ず働く、生存本能としての「退屈しのぎを求めるエネルギー」を完全燃焼させず、くすぶらせる処に、結局呆《ぼ》けを呼び込むのです。いや私はこうはっきり断言することは出来ませんが、少なくとも確かにそういうフシはあると言うだけは出来るでしょう。

その点、せっかく年老ってもなお働いている生存本能なのですから、これを単なる愚痴としてくすぶらせることをせず、積極的に真直ぐ働かせて、「九十年百年のいのちで死ぬのはバカらしい、永遠に死なないいのちこそを生きよう」と工夫するのが、本当の信仰信心を辿る人たちの歩む道なのです。聖書にも、

「朽《く》つる糧《かて》のためならで、永遠《とこしえ》の生命《いのち》にまで至る糧のために働け」（ヨハネ六の二七）

とあります。

しかし肝腎な、その「永遠のいのち」とは何か。われわれ絶対事実として、この身体は死ぬに決まっているのであって、その限り「永遠のいのち」などというのは結局、観念上か信仰上の、つまり現実的でないお伽噺《とぎばなし》でしかないではないか。そんなお伽噺はどうしても信ずる気にはなれない。というのが、今の日本人一般の考えでしょう。

けれどそれは全く浅はかな結論です。この永遠のいのちという場合の永遠は、決してわれわれ

人間のアタマで考える時間的長さの話ではありません。また、いのちといっても決して生理的肉体のいのちだけには限らないのです。もっと深いいのちの意味があるべきです。

聖書には永遠の生命とあり、仏典には如来寿量《にょらいじゅりょう》、あるいは久遠法身《くおんほっしん》などという言葉でいわれていますが、いずれも実は、われわれがいま事実生きている「いのちの深さ」です。われわれが老いや死に対しアタマから怖れたり、厭《いと》ったり、または途方に暮れたり、自暴的になったりするのは、われわれがあまりにも未熟幼稚過ぎるからです。

今やせっかく老老大大《ろうろうだいだい》になっているのですから、それだけもっと自信をもって、パチンコや水泳、ゴルフやカラオケみたいな小供じみた遊びだけを楽しいと思うのではなしに、堂々と老いや死を迎え入れ、これを遊びのタネとして工夫してみましょう。そんなつもりになって、以下、私のノートに書きつけた言葉を、自己自身にあてはめつつ読み味わい、少しでも皆様の老後を生きる参考として役立てて頂ければ幸いに存じます。

【南無仏帖】

一　決定的なこと

挽　歌

死ぬとは
ご苦労様でしたと
自分で自分を犒《ねぎら》いながら
自分の終止符を打つ時だ
その時　どんな狂い死に
踠《もが》き死にするにしても
それこそほんとにご苦労様でした
今や終わりました　と

二　老病死を明るく　朗らかに迎えよう

般若波羅蜜多

明るく朗らかに自分の死を取り上げよう
堂々おほらかに自分の死を迎えよう
どうせ必ずやってくる絶対事実なのだ
死を暗いイメージの中には閉じ籠めまい
死はこれを怖れる思いも　拒む思いも
さらには　今死んでも死に切れぬ
　などという思いさえも
すべて間違いなく死なせてくれる時なのだ
また生きている間に考える
　自分の死に方如何や　死後の世界
死後の霊魂などの思いそれぐるみ

すべて水戸黄門さまの
印籠《いんろう》の前の木ッパ役人よろしく
美事痛快に粉砕される時なのだ
このすべて自分の思いそのものが死んでゆく
自分の死を直視するところに初めて
偉大ないのちの智慧が輝きあらわれる
このいのちの智慧を般若波羅蜜多という

三　死は好奇心の　究極の対象とする価値がある

生死の深さ

老いの最後の目で見る
　人間風景は　また格別の世界
人間生きる原動力は　所詮

いかに今　退屈せずに
　過ごそうかというだけのこと

人間的あらゆる営み――
　恋愛結婚家庭子産み子育て
スポーツ趣味娯楽社交などはもちろん
金儲け権力闘争　さらには仕事研究
学問芸術宗教文化にいたるまで
すべてみな人間退屈しのぎの
　小道具にすぎず

こんな小道具すべてが
奪《と》り上げられた老人病人や
或いはこんな小道具遊びすべてが
　もはや味気なくなって退屈する
最後的人間のために

最終的には　死が与えられてあり
まこと人人が最後に
　どんな死に方をするにせよ
だが死は　いいも悪いも
　退屈するもしないも
大体生死《しょうじ》を考える思いそのものが
死んでゆくとき

今や老いているのに　なお生存本能で
生きることばかり考えるこの私が
そんな死を　そのままそっと
　受け入れる修行――

これは全く私の好奇心を掻《か》き立てる
何しろ生死有ること無しの処に

この生死が
実際に死んでゆくことなのだから
これは確かに楽しめる

お蔭様にて私は退屈せずに
この修行の中に最後の日日を送る
汝つつしんで悟ることなかれ
もし悟って修行する余地がなくなれば
長生きしたとき退屈し
呆けるよりほかなくなる故に

必死の生存本能をもちながら
しかも絶対事実として死なねばならぬ
この矛盾のいのちを
その儘《まま》　そっと　受け入れようと
修行しつつ生きる者には

何処までも進まねばならぬ
いのちの深さ限りなし

だがいずれ最後の死に到れば
死は　修行する者も　せぬ者も
可否なく呑みこみ
絶対失敗も落第もなく
生死を超えた処に　すべてを安らわせる
いのちの深さ限りなし

老いたる今は
進みでも安らぎでも
いずれも限りない深さをもつ
このわがいのちこそを
何処までも掘り下げつつ
その工夫修行に独り楽しむのとき

眠りと死

思いのつづきで眠ろうと思い
或いはこの思いがどうして眠りに入るか
考えているかぎり眠れはしない
たとえ疲れ果てて眠っても
安眠できずに眠れぬ夢をみるだろう

思いを手放し
思いと眠りの底に働く御《おん》いのちに
すべてをまかせているとき
思い遥か彼方のところで
いつしか安らかな眠りに入る

死はこの生《せい》の思いのつづきではなし

ただ生きることだけをよしとして
生きることだけを思い煩《わずら》いながら
しかも死なねばならぬなら
苦しみ怖れの夢をみつつ死ぬこととなる

万事放下《ばんじほうげ》　思いを手放し
生と死の底に働く　御《おん》いのちに
ただ南無御いのちしているとき
思い遥か彼方のところから
永遠の眠りのお迎えはくる

〝この生死《しょうじ》はすなはち仏の御いのちなり〟[1]
私にとって今夜の眠りは死ぬ稽古
生きる限り思う限り　眠りは修行
私は今夜も南無御いのちを念じつつ
安らかな眠りを修行する

永遠の眠りに到るまで

1　『正法眼蔵』生死

四　べったり寝こんだ時にも　退屈だけはせぬように

永遠の道

どっちへどう転んでも自己ぎりの自己
この自己の無限の深さ　畢竟帰《ひっきょうき》を仏という
故に自己には本来南無仏が組込《セット》されており
当然すっきり南無仏が
　称えられるはずなのだが
なかなかすっきり南無仏が称えられず
その点われわれいつも心の中で

何か追いかけているのが人間の性《さが》
それでいまは偏《ひとえ》に
　南無仏を狙って追いかける
その時たとえすっきり
　南無仏が称えられなくても
間違いなく南無仏にして
色呆け　金呆け　名利《みょうり》呆け　愚痴呆け
怨恨呆け　生存呆け　等にはあらず
ただすっきり南無仏できぬのは
それだけ南無仏には
　無限の奥行きがあるのだということ

永遠のいのちといって別に
自己より外の彼方に在るのではなし
ただいまここ自己の生き態《ざま》の中に在り
酒呑んでいれば酒呑んでいるのであり

女女と思っていれば女を追いかけており
これに反していま南無仏を追いかける限り
たとえすっきり南無仏称えられずとも
まさにいまここ
　永遠のいのちを生きており

その時滾滾《こんこん》と無限に湧出《わきい》ずる
永遠のいのちの泉を
いまここ南無仏するなかに
事実生きている故に
これを〝別別解脱《べつべつげだつ》〟という
だが永遠のいのち成就そのものでは
ない故に　どこまでも
〝悔改めよ神の国は近づけり[1]〟という
　永遠の　　　（常）
落着き処は　　（楽）

自己ぎりの自己　（我）
外に趣く処なし　（浄）
つまりわれわれ修行し処も
生き甲斐興味のもち処も
さらには安心《あんじん》の決め処も
すべてただこの常楽我浄
永遠のいのちの深さだけ

求道し求道し永遠に求道し
修行し修行し永遠に修行し
滾滾と無限に湧出ずる
永遠のいのちの泉を　今ここ生きる

1　マルコ一の一五

南無仏

南無仏は　畢竟《ひっきょう》正気の沙汰に帰ること

南無仏は
若くて力あり　働く人には
　一切ぐるみ自己ぎりの自己
　利己的思いを手放して
　衆生と共に育つ　愛の道誓願の道
既に老い病んで　働けぬ人には
　一切ぐるみ自己ぎりの自己
　完結して独り楽しむ
　信心信仰　安らいの道
何れにしても南無仏こそは
自己自らの　希望喜悦生き甲斐の道
永遠の道の深さ

五　わがこころを　南無仏に絞りこむ

延命十二南無

一　生死《しょうじ》

南無仏にゆきつくための人生か
死ぬべきいのち　生きたい思い

二　南無仏（一）

南無仏し　生《なま》のいのちを拝みつつ
いまここ生《なま》の　いのち覚触《かくそく》

三　南無仏（二）

いずれ死ぬ　この肉体の心には
生死を超えた　南無仏頼もし

四　本来

南無仏は　たとえ気づかず過ごすとも
わがうち本来　組込《セット》されており

五　畢竟《ひっきょう》

こまごまといろいろあれど畢竟は
南無仏するより　致し方はなし

六　発心《ほっしん》
ともかくも南無仏しつつ南無仏す
物足りぬまま　片付かぬまま

七　黙照《もくしょう》
南無仏す　身心門内　闇のなか
黒犬　音に　目を　光らせる

八　観音
有りて無きテレビの映像さながらに
南無仏するなか　世音を観ず

九　一切称一称
仏土中　南無仏の音鳴るままに
南無仏の音　和したてまつる

十　不染汚《ふぜんな》
南無仏は　外に趣《おもむ》く処なし
南無仏そのまま　落着き処

十一　修証不二《しゅしょうふに》　いまの息　いま息しつつ生きる如《ごと》
　　　　　　　南無仏するなか　南無仏息づく

十二　祇管《しかん》　み仏に　み燈明《あかし》供うこころもて
　　　　　　　ほのぼのとただ　南無仏南無仏

延命十句観音経のこころ

観世音　南無仏
　ただ称う　南無観世音の称名は
　無色透明　南無仏の音
与仏有因　与仏有縁　仏法僧縁
　み仏の　種《たね》は偏《ひとえ》に　従縁起《じゅうえんぎ》[1]
　一称《いっしょう》南《な》無《む》仏《ぶつ》　皆已《かいい》成《じょう》仏《ぶつ》道《どう》[2]
常楽我浄
　いつにても落着き処は　自己ぎりの

自己であるだけ　染汚《よごれ》ようはなし
朝念観世音　暮念観世音
朝夕に念ず観世音は　この自己が
自己完結する　絶対の道
念念従心起　念念不離心
観世音　念ずる念は　永遠の
いのちより起き　いのち離れず
1・2　法華経・方便品

なお最後に一言付け加えさせて頂きます。私は以上、南無仏の一つのケースとして、私がいま平素称えている南無観世音の称名を挙げました。

実は、南無仏の仕方（行）にはいろいろな仕方があります。道元禅師の教えられる坐禅は全く真直ぐ南無仏の身業《しんごう》、姿勢そのものですから、仏道の正門《しょうもん》というにふさわしくあるでしょう。しかし坐禅は遺憾《いかん》ながら老いてきては出来なくなります。そこでお念仏という意業《いごう》、口業《くごう》の道が開かれています。

南無阿弥陀仏のお念仏には伝統があり、それぞれ多くの祖師方の教えもあります。その教えにしたがってお念仏されるのはもちろん結構なことです。

これに対し、いま私が南無観世音の称名を挙げるのは、私は長年修行してきた祇管打坐《しかんたざ》が何の色合いもつかぬ無色透明の坐であった続きとして、やはり無色透明の音として「南無世を観ずる音」を称えています。そしてやはり何の色合いもつかぬ、「自己ぎりの自己」の口業としての南無仏をされたい方もおられるかと思い、そういう方にご参考までに敢えて挙げさせて頂いた次第です。

この仏教における南無仏に相当するものとして、キリスト教でも祈りとかミサに預かるとか、聖体拝領とか、いろいろの仕方があるでしょう。いずれの仕方でも、要するに自己の生死《しょうじ》問題を乗り超える宗教的行として受け取る態度だけが大事です。

その点、例えばわれわれ生理的いのちでは、何か栄養素を摂《と》って生きるわけですが、栄養素という食物はありません。米・麦・雑穀・いも類・野菜・果物・魚肉・肉類など、それぞれの地域で手に入る食物の中に、われわれは栄養素を摂って生きるのです。

それと同じく、われわれにおいて南無仏そのものというものはありません。仏種従縁起（仏の種は縁起に従う）といわれる如く、縁に従って信じ行ずる宗教生活こそが大事なのです。そして縁に従っていろいろな行があるとはいえ、何処までも真実宗教の狙いは自己の生死問題であることを見失ってはなりません。

ところが人々はともすると、宗教を純粋に「自己の生死問題」として受け取るのではなしに、とんでもない末端の末端に力瘤《こぶ》を入れ、これを飾り立て、権威をもたせて売り物にしてしまっていることが多過ぎます。

あるいはとんだ宗派根性をもって、宗教を全くグループ呆けの巣窟《そうくつ》としてしまい、宗教が違うということによって戦争まで始めますが、これほど愚かなことはないでしょう。そこでは「自己の生死問題としての宗教」という真の意味をとっくに放り出して、人間同士の殺し合いになってしまうのですから。

その点、宗教は「すべての人の自己に貫く生死問題のための宗教」であるという正気の沙汰だけは、見失ってはなりません。また、まさに「正気の沙汰に帰る」ことだけが宗教なのだということを、忘れないようにしたいものです。

そしてこのような「自己の真実として」という真の意味の宗教時代を来らせていくことこそを、われわれの誓願としたいと思います。

V

35 「自己般若心経」について

「仏は涅槃《ねはん》なり」「涅槃は畢竟帰《ひっきょうき》なり」とは涅槃経に出て来る言葉です。畢竟帰の畢《ひっ》も竟《きょう》も「おわる」と訓じますが、畢は「ことごとくおわる」の意味であり、竟は「あげく」という意味の漢字だそうです。つまり畢竟は「ことごとくおわったあげく」の意味であり、畢竟帰は「ことごとくおわったあげくの処に帰る」の意味だと言えましょう。

仏教では釈尊ご入滅の当初から、釈尊の死を涅槃、滅度《めつど》と呼んできました。度は度越の意味で、生死《しょうじ》の苦海を渡り、生死を越えた彼岸《ひがん》に至るという意味です。それで釈尊滅後の仏教信者たちは釈尊のお涅槃について、そういう特別の意味を籠めて拝みつつ仏塔崇拝を展開させてきました。そして遂には、逆に「死」の中に人生真実の智慧を得る道をつけること（方法化）に成功したのが、大乗仏教の般若経《はんにゃきょう》であったと言えましょう。

というのは、われわれいつも「自分の死」を「いずれやって来る行く先のこと」とばかり考えているわけですが、しかし決して「やって来るか、やって来ないか、分からぬ未来」ではありません。そうではなくして、「死は絶対にやって来る未来」であり、その限りいま現実のいのちの絶対的一面なのです。それで、この「絶対にやって来る、ことごとくが畢《おわ》る自分の死」から翻《ひるがえ》って自己の人生を見直し、かえってそこに人生真実の智慧が開けてくることを発見したのです。これが大乗仏教の般若部経典群でありました。

大乗仏教以前にも仏教には空《くう》が説かれてありました。しかしその空は、すべてのものは集まることにより成り立つ故に、もしこれを微塵に分解していけば、いずれは極微《ごくみ》、空に至るという析《しゃく》空観《くうかん》でありました。ところが般若の空は「いずれやって来る絶対事実としての死」を観ずることにより、一挙に一切は恰《あたか》もわれわれの見ているテレビドラマの映像のように、そのままが何の実体もない「夢幻泡影《ゆめまぼろしあわかげ》の如し」と観ずる体空観《たいくうかん》としたのです。これは全くわれわれの人生の見方における大革命であり、それ以後における法華《ほっけ》・涅槃《ねはん》・華厳《けごん》・浄土《じょうど》三部経典などの大乗経典展開の基礎となっていきます。

般若部の経典はあまりにも同じような言葉の繰り返しが多く、しかも厖大なので、とても忙しい現代人に読み尽くせませんが、しかしわれわれは幸いに、これの精粋を説く般若心経をもっています。けれどこれも他の経典と同じく、日本においては遂に日本語には訳されず、漢訳仏典のまま読まれてきました。経典読誦《どくじゅ》はたとえワケのワカラヌまま読んでも、読誦そのことが一つの宗教の行として意味をもっており、それで結構であるわけですが、それにしてもそれとは別に、その経典の説く深い意味を味わうことも大事であることは言うまでもありません。

それでそんなつもりで、いま私はこの般若心経を「自己自身の死」を観ずることとして読みつつ、日本人の誰にも分かる日本語で訳することを試みました。大変大それた試みであり、これが原典のお経の尊厳を傷つけることを恐れて、敢《あ》えて「摩訶般若波羅蜜多心経」の現代語訳とはせず、それとは別個の「自己般若心経」と題しました。しかし般若心経の和訳を目指したものであることは言うまでもありません。

なお経には観自在菩薩と舎利子《しゃりし》の二人が登場してきますが、ここでは観自在菩薩は「自己のいのちの遂には死する在り方を観ずる自己自身」として読み、舎利子は単なる接続詞として読んでいます。また「空」は「むなし、みなし」と読み、「無」は「ありつぶれ」と読みましたが、空も無もいずれも、全く空無ではないことを日本語として言おうとしたものです。「むなし」とは「虚し」であり「甲斐なし」の意味です。「みなし」は「内実なし」「中味なし」です。また「ありつぶれ」とは、形ばかりで内実なく、恰もわれわれの見る「テレビ画面の映像のようなもの」として読まれれば、大体その意味がお分かりになるでしょう。

とにかくわけの分からぬ漢訳経典を棒読みにし、仏教を自己の人生と全く関係のないものとしてしか受け取ってこなかった日本仏教に対する私の一つの試みですが、少しでも皆さんご自身の自己を掘り下げるためのお役に立てばと願う次第です。

36　自己般若心経

摩訶般若波羅蜜多心経《まかはんにゃはらみったしんぎょう》
観自在菩薩《かんじざいぼさつ》
行《ぎょう》　深般若波羅蜜多時《じんはんにゃはらみったじ》
照見《しょうけん1》　五蘊皆空《ごうんかいくう》
度一切苦厄《どいっさいくやく》
舎利子《しゃりし》　色不異空《しきふいくう》
空不異色《くうふいしき》
色即是空《しきそくぜくう》
空即是色《くうそくぜしき》
受想行識《じゅそうぎょうしき》

畢竟《ひっきょう》から見直しながら彼岸に渡るいのちの智慧の精粋《せいすい》 経《きょう》
自己のいのちの　ついには死する在り方を観じて
深く死の地盤から見直し行ずるの時
この肉体も　この肉体の物足りようの思いも　皆空《むなし》《みなし》であ
ると照見し
一切苦厄《くやく》をはなれた彼岸に渡る
すなわち　この肉体は空《むなし》《みなし》に異ならず
空《むなし》《みなし》がこの肉体に異ならず
この肉体はそのまま空《むなし》《みなし》
空《むなし》《みなし》がそのままこの肉体
この肉体の物足りようの思いも

亦復如是《やくぶにょぜ》　舎利子《しゃりし》
是諸法空相《ぜしょほうくうそう》
不生不滅《ふしょうふめつ》　不垢不浄《ふくふじょう》
不増不減《ふぞうふげん》
是故空中《ぜこくうちゅう》
無色無受想行識《むしきむじゅそうぎょうしき》
無《む》[2]眼耳鼻舌身意《げんにびぜっしんい》
無《む》[3]色声香味触法《しきしょうこうみそくほう》
無《む》[4]眼界乃至無意識界《げんかいないしむいしきかい》
無《む》[5]無明《むみょう》　亦無無明尽《やくむむみょうじん》
乃至無老死《ないしむろうし》　亦無老死尽《やくむろうしじん》
無《む》[6]苦集滅道《くしゅうめつどう》
無智亦無得《むちやくむとく》
以無所得故《いむしょとくこ》　菩提薩埵《ぼだいさった》
依般若波羅蜜多故《えはんにゃはらみったこ》
心無罣礙《しんむけいげ》

亦復是《またまたこ》の如し　それでいま出会う
すべてもろもろが空《むなし》《みなし》である有り様は
不生不滅　不垢不浄　不増不減で
二辺を超えており
この故に空《むなし》《みなし》である処では
この肉体や肉の思いは無《ありつぶれ》し
感覚器官や意識機能も無《ありつぶれ》し
この現実的生命体験も無《ありつぶれ》く
生命体験される世界も無《ありつぶれ》し
無明も無《ありつぶれ》く　無明の尽きることも無《ありつぶれ》く
乃至老死も無《ありつぶれ》く　老死の尽きることも無《ありつぶれ》し
苦集滅道も無《ありつぶれ》し
智も無《ありつぶれ》く亦智を得ることも無《ありつぶれ》し
すべて得る所無《ありつぶれ》き故に　求道者は
自己の死の地盤から見直す智慧に依り
心の罣礙《さわりさまたげ》が無《ありつぶれ》し

無罣礙故《むけいげこ》　無有恐怖《むうくふ》
遠離一切顚倒夢想《おんりいっさいてんどうむそう》
究竟《くきょう》涅槃《ねはん》
三世諸仏《さんぜしょぶつ》　依般若波羅蜜多故《えはんにゃはらみったこ》
得《とく》阿耨多羅《あのくたら》三藐三《さんみゃくさん》菩提《ぼだい》
故知般若波羅蜜多《こちはんにゃはらみった》
是大神呪《ぜだいじんしゅ》　是大明呪《ぜだいみょうしゅ》
是無上呪《ぜむじょうしゅ》　是無等等呪《ぜむとうどうしゅ》
能除一切苦《のうじょいっさいく》　真実不虚《しんじつふこ》
故説般若波羅蜜多呪《こせつはんにゃはらみったしゅ》
即説呪曰《そくせつしゅわつ》
羯諦羯諦《ぎゃていぎゃてい》　波羅羯諦《はらぎゃてい》
波羅僧羯諦《はらそうぎゃてい》
菩提薩婆訶《ぼじそわか》
般若心経《はんにゃしんぎょう》

心の罣礙《さわりさまたげ》　無《ありつぶれ》き故に　恐怖も有ること無し《ありつぶれ》
思いによる一切顚倒《てんどう》夢想《むそう》から遠離《おんり》して
畢竟《ひっきょう》の処に行きつき帰る
三世諸仏も　自己の死の地盤から見直す智慧に依る故に
この上なき悟りをひらきたもう
故に知る　自己の死の地盤から見直す智慧こそは
是れ能《よ》く一切の苦を除く　真実不虚《ふこ》の
大神呪大明呪無上呪無等等呪《おまじない》なることを

故に生きている限りいつも心掛けよう
自己の死の地盤から見直す呪《おまじない》
即ちその呪《おまじない》とは
赴《ゆ》き　赴《ゆ》き　赴《ゆ》こう
そして、また赴《ゆ》こう
自己のいのちの畢竟《ひっきょう》帰る深さまで
般若心経

〈注〉

1 **五蘊《ごうん》**—構成要素の集まり（蘊）から人間存在を考察したもの。色（肉体）、受（感受作用）、想（表象作用）、行（他の一切の心理作用）、識（認識分別作用）。

2 **眼耳鼻舌身意**—対象世界を受ける感覚器官（眼～身）とそれを統《す》べる意識機能（意）。六根という。

3 **色声香味触法**—六根それぞれの対象となるもの。六境という。六根と六境をワンセットで十二処といい、これで心の生起《しょうき》の面から人間存在を考察している。

4 **眼界乃至意識界**—六根と六境が対する時の意根の働き（意識機能）を、さらに六識（眼識～意識）として開いたもの。六根六境と合わせて十八界という。

5 **無明～老死**—十二因縁（十二縁起）のこと。縁《よ》って起こっているこの世の在り方から人間存在の相《すがた》を考察し、いかにしてその苦しみから解脱するかを探究したもの。次の十二支が無明から順に縁《よ》って起こることにより迷いの生起を（順観）、逆に無明滅するにより次々成り立たなくなることによって迷いの滅を（逆観）説く。

無明（無知）、行（行為）、識（意識機能）、名色（六境）、六処（六根）、触（接触）、受（感受作用）、愛（物足りようの思い）、取（執着）、有（生存）、生（生まれること）、老死。

6 **四聖諦《ししょうたい》**—縁起をさらに簡潔に組織立てて説いた四つの貴い真理。苦集二諦は十二縁起の順観、滅道二諦はその逆観にあたる。

苦諦（すべては苦である）。集諦（より集まって成るノボセで行動する処に苦がある）、滅諦（すべては寂滅してある）、道諦（寂滅を現成していく処に苦を超えた道がある）。

Ⅵ　求道者〈安泰寺へのこす言葉〉

はじめに

昭和四十年に沢木老師が遷化《せんげ》され、それに続いて私はこの安泰寺の堂頭《どうちょう》和尚《おしょう》になったのだが、その時に、初めから後十年だけ——昭和五十年には引退すると宣言してかかった。ところが、早いもので、もうとうとう昭和五十年になってしまった。

そこで昨年あたりからそろそろ、安泰寺を去る時、安泰寺の修行者たち——いや、安泰寺だけに限らない。安泰寺で育って、今は埼玉の滝見観音堂（浄明寺）、それからアメリカのマサチューセッツ（パイオニア・バレー禅堂）の方にもあるわけだし、そして、これからは、世界の各方面にも出かけてゆくだろうけれど——そういう人たちへのこす、贈り物となるような言葉を何か考えておこうと、思いついたことを箇条書にして書いてみたが——今それを見直してみると、結局、私自身が安泰寺で心掛けてきたことに尽きる。

そういうわけで、今日は、安泰寺の弟子たちだけを相手に話をしようと思っていた。それなのにこの大雪の中、頼みもしないのに、こんなにたくさんの人が来られてしまってご苦労様でした。二、三の人には、二十三日に何か話すかも知れないと言った程度で、別に皆さんに案内状を出したわけではなかったのだから、皆さんには、私の直接の弟子たちへの話を、おつき合いで聞いて頂くより他はありません。

安泰寺へのこす言葉

（一）人情世情でなく、ただ仏法のために仏法を学し、仏法のために仏法を修すべきこと。

（二）坐禅こそ本尊であり、正師《しょうじ》である。

（三）坐禅は具体的に「得は迷い、損は悟り」を実行し、二行（誓願行・懺悔行《さんげぎょう》）三心（喜心《きしん》・老心《ろうしん》・大心《だいしん》）として、生活の中に働く坐禅でなければならない。

（四）誓願をわが生命とし、深くその根を養うこと。

（五）向上するのも堕落するのも、自分持ちであることを自覚して、修行向上に励むこと。

（六）黙って十年坐ること。さらに十年坐ること。その上十年坐ること。

（七）真面目な修行者たちが悩まないでいいような修行道場であることを目指し、互いに協力すべきこと。

(一) 人情世情でなく、ただ仏法のために仏法を学し、仏法のために仏法を修すべきこと。

これはまあ、道元門下としては一番大切なことです。道元禅師ほど、いつでも、何処でも、「仏法のための仏法」ということを強調する人はいない。道元禅師の第一の特色といったら、この仏法ということだと思う。それだからわれわれは仏法ということを聞きなれている。それだけに仏法とは何かということを全く考えることなしに「仏法、仏法」と言って素通りしてしまう。

私は今『正法眼蔵』現成公案の現代語の意訳をつくって、その提唱を書こうとしているけれど、そんなことから最近出ている現成公案の巻の提唱本とか現代語訳を二、三見てみた。ところが、この巻の一番初めに「諸法の仏法なる時節」という言葉が出ているのだけれど、この「仏法」という言葉を取り上げて「仏法とは何か」と参究している本は一つもない。みな仏法ということを参究することなしに通り過ぎている。これはどういうことか。これでは、どうせ空まわりして、見当外れなことになってしまうのは無理ないと思う。

仏法という言葉を聞きなれているため、仏法ということを分かっているつもりでいるのだ。ところが、われわれ仏法ということについて、実は何んにも知りはしないのだ。だから先ず仏法とは何か――そこから始めなければならない。

私は「仏法とは一体何か」ということを長年考えてきた。それというのは、道元禅師の宗教は何処までも仏法ということが中心だからです。そして、この頃つくづく思うのに、この仏法という言葉を一番よく言い表わしているのは、道元禅師の書かれた「三百則《そく》」、地の巻の第九十一則に「石頭不得不知《せきとうふとくふち》」というのがあるが、これだと思う。

天皇《てんのう》、石頭に問う。如何《いか》なるか是れ仏法の大意。頭云く、不得不知。師云く、向上更に転処ありやまたなしや。頭云く、長空白雲の飛ぶを礙《さ》えず。

天皇山道悟《どうご》和尚が石頭希遷《きせん》和尚に「如何なるか是れ仏法の大意」と訊《き》いた。そしたら石頭和尚が「不得不知」と答えた。そこで「師云く、向上更に転処ありやまたなしや」――道悟和尚が「もうちょっと他に言い方がありますか」と訊いたら、「長空白雲の飛ぶを礙えず」と――。

私は昭和二十年から二十三年までの間、丹波の十方寺にいた時分、この則を見て非常に感銘した。それで沢木老師に「長空不礙白雲飛」というのを書いてもらった。その額が今、安泰寺にかかっている。大空が白雲の飛ぶのを妨げない。自由に飛ばしている。この古則の言葉が仏法というのを一番よく言い表わしているのではないかと思う。先ず「如何なるか是れ仏法の大意」という問いに対して「不得不知」と言う。いかにも「分からない」と言っているみたいだけれど、そうではない。不得不知ということが、仏法だということです。この不得不知とは、「いかなる造作もさし控えているという態度」だ。要するに、あらゆるつくりごとをしないでさし控えている。私はこれを「アタマの手放し」と言う。「アタマの手放し」というのはいつ頃から私が言い出したか記憶がないけれど、四、五年前からだと思う。

われわれは何か考えるという時には、アタマでもって、何かを掴《つか》んでいる。それを、今、アタマを手放しにする――すると落っこちる。このアタマを手放しにして落っこちるというのが、身《しん》心脱落《じんだつらく》だ。道元禅師の「身心脱落」という言葉を聞くと、語感として何かゴソッと蝶つがいでも外れたようなふうに思うけれど、身心脱落とはそういうものではない。アタマの手放しをした時にアタマで考えているものが落っこちる、これが身心脱落だ。この「アタマの手放し」という表現は、われながら古人のいろいろないい言葉に匹敵すると思う。例えば盤珪《ばんけい》禅師は「不生の仏《ふしょうぶっ》心《しん》」ということを言い始めた。あれは徳川時代としては素晴らしい言葉だった。ところが現代人にとっては「不生の仏心」では、何だかピンとこない。「不生の仏心一つですべてはととのいまするわいの」と盤珪禅師が言う。それと同じように、われわれとしては「アタマの手放し一つですべてはととのいまするわいの」だ。アタマの手放し一つだけで、問題はすべて片付くんですね。アタマのやりくり算段で、一所懸命片付けようとするけれど片付かない。ところがあらゆる問題はアタマが起こすのだから、アタマを手放しにする。これが身心脱落。この時、全く問題はなくなる。

水引きの喧嘩なかばににわか雨

という句があるけれど、水引きの喧嘩というのは、田に引く水が足りないで、それで喧嘩しているのだ。その喧嘩の最中に一天にわかにかき曇ってゴロゴロゴロ鳴って大つぶの雨がポツポツとやって来ると、その喧嘩の、まさに問題としていることを根本から解決してしまうのだ。それと同じように今、われわれアタマの中でもって、AかBかどちらかといって、一所懸命になって、それだけが問題だと思っている。ところが、アタマの手放しをすると、もうそれを根本から解決してしまう。だから「アタマの手放し一つですべてはとのいまするわいの」と言うと「不生の仏心」より分かりいいでしょうが。そうするとこれは盤珪禅師よりは少なくとも現代性があるね。これ、素晴らしい一句ですよ。そう思わないか。（笑い）

われわれ今、坐禅をしている時、アタマの手放しをしている。そしてあらゆる思いを、浮かぶは浮かぶにまかせ、消えるは消えるにまかせている。これを「如何なるか是れ仏法の大意」――「不得不知」「長空白雲の飛ぶを礙《さ》えず」と。――いかにもよく坐禅を言い表わしている。つまり、仏法というのは一体どういうものか。結局アタマの手放しだということです。そしてそのアタマの手放しを具体的にするのが、坐禅だということです。

また、仏法というのは、「仏の覚《かく》した法」ということが出来るでしょう。仏様のことを覚者というが、覚者というのは日本語でいえば「覚めたる者」ということですね。だから仏法とはどういうのかといえば、「覚《さ》めた在り方」だ。

そこで覚めた在り方というと一体どういうことか。これは先ず「呆けた在り方」から考えなければならない。われわれなんで呆けるかというとアタマで呆けるんだ。一切衆生はみなアタマで呆けている。それではどういう呆け方をしているのかというと、先ず、居眠り呆けがある。居眠りしてボーッとしていることだ。これは呆けていることがすぐ分かるから始末がいい。この居眠り呆けからサメルことは、先ず、イキイキすることだ。イキイキして居眠りからすっきりとサメルことだ。ところが、始末の悪いのは煩悩呆け、瞋恚《しんい》呆け、グループ呆けなど——すべてアタマで描き出す呆け方だ。アタマがいろいろな幻影を描き出して、その自分のアタマが描き出した幻影の中に迷い込んでしまう。

千葉県の船橋の近所に八幡《やわた》という処がある。あそこら辺に大きな藪《やぶ》があった。その藪へ迷い込んだら、一体何処へゆくのか分からないという。それで「八幡の藪知らず」という言葉があるけれど、つまり、われわれ人間は、このアタマでもっていろいろな「八幡の藪知らず」みたいな幻影をつくり出し、このジャングルに迷い込んでいるのが、人間の呆け方ですよ。そこで、この幻影から覚めるのにどうしたらいいかというと、アタマの幻影で呆けているのだから、このアタマの幻影を手放しにして、サメルよりほかサメル方法はない。つまり、アタマを手放しにしてイキイキとサメル。すると、あらゆる煩悩呆けも瞋恚呆け、グループ呆けも、パッと消える、そういうのがこの覚め方です。これも結局、今われわれのする坐禅だ。坐禅はあらゆる問題を手放しにして坐る。この時にいきいきと覚める。だから坐禅は、居眠りをしてはダメだ。考え事してもダメだ。いきいきと覚めてアタマを手放しにする、これが坐禅の一番大切な処です。

ところが今どき坐禅というと、すぐ「悟り」と思う人がいる。そして、ドカンと一発大きな悟りをしとめることかと、こう思う。みんな、そんなふうに言いふらしているけれど、それは本当の仏法の悟りではない。仏教というのは皆さんも承知のように、何より無常ということをいう。あるいは、縁起所成《えんぎしょじょう》という。つまり、生命の実物は刻々に移り変わっていて固定した常住のものはないのだ。ダイヤモンドというのは昔から金剛不壊《こんごうふえ》といって、絶対常住なるものとして引き合いに出されているけれど、なあにダイヤモンドだって炭素で出来ているので、あれは燃えるんだというものね。また、この頃の自然科学になると、素粒子とかいうんで、刻々に変化しているということが一々立証されているようだけれど、とにかくすべては無常なんです。この無常なる実物に覚めるということが悟りだ。それなのに、既成品的な悟りをドカンと一発しとめて事を済まそうと思う。しかし実は、そんなことはあり得ないのだ。

そうでなくて、本当の悟りというのは、刻々に今ここでいきいきした生命の実物に覚めるということ以外にはない。だから、悟りを今ここで刻々に修行する態度、これを「修証一如《しゅしょういちにょ》」という。道元禅師の言いたい処はそこなんだ。修行したあげくに悟りをしとめるというのではなく、われわれはいわゆるアタマで呆けているのだから、アタマの手放しをして、今ここでいきいき覚める。今ここでいきいきした生命の実物に目が覚めるという、この仏法の悟りの在り方をよく知らなければならない。悟りとは、何か神秘的なものをパッと悟るというのではなくして、今われわれが呆けている。その呆けているのを覚めて生命の実物に立ち帰るという、この一事に尽きる。

ところで、このことを道元禅師は「修証一如」という言葉で言ったけれど、実はお釈迦さん時代にはこれを「波羅提木叉《はらだいもくしゃ》」と言った。波羅提木叉というのは梵語で、戒律のことです。お釈迦さまの説かれた最後のお経――いわばお釈迦さまのご遺言ともいうべき『遺教経《ゆいきょうぎょう》』の中に、

汝《なん》だち比丘《びく》、わが滅後に於いて、当《まさ》に波羅提木叉を尊重《そんじゅう》し珍敬《ちんきょう》すべし。闇《あん》に明《みょう》に遇《あ》ひ、貧人《びんにん》の宝を得るが如《ごと》し。

という言葉がある。お釈迦さまが、自分が死んでから後、弟子たちに波羅提木叉を何ものよりも尊いものとして「尊重し珍敬すべし」と。「闇に明に遇い」というのは、暗やみの中で灯《ひ》に出会ったような、「貧人の宝を得るが如し」というのは、貧しい人がお金を貰ったような、「それほど価値があるものとして」ということですね。「波羅提木叉」とは戒律のことなんだけれど、これは「処々解脱」あるいは「別々解脱」と訳される。われわれ、今ここで戒律を持《たも》ったら、その戒律を持った処で解脱するということです。この波羅提木叉の精神が、結局、道元禅師の「修証一如」という精神になっていると思う。「処々解脱」「別々解脱」――それは今ここでやっただけが

やったのだ。今ここでアタマを手放しにして、本当に覚めただけは本当の悟りなのだという、そういうことですね。だからお釈迦さまの精神を道元禅師は「修証一如」という言葉で言ったのだ。そういうことを言った人はいないけれど、私はそう思う。

大体この「波羅提木叉」ということを、今、仏教学をやっている人でもあんまり気にとめていないようだ。駒沢大学の学生に「波羅提木叉」って何だか知っているかというと、知らないやつばかりだもの。仏教の大学を出ていながら「波羅提木叉」という言葉さえも知らないというんだから、いかに仏教の大学でも「波羅提木叉」ということを全く教えないでいるかということですね。これはとんでもないことだと思う。事実『遺教経』にわが滅後においては、何ものよりも波羅提木叉を大切にしなければならぬと書いてあるのだから、一番大切なことであるに間違いない。その波羅提木叉の精神が「修証一如」という言葉。だから今、既成品的な悟りをドカンと一発当てようというのではなくて、今ここでアタマの手放しをして、いきいきした生命の実物に覚める。これが仏法というものです。

そこで今、「仏法のために仏法を修する」というのは、一体どういうことかというと、結局、いま言った通り、アタマを手放しで修行するということだ。例えば、われわれ生きたり死んだりということも、普通これを人間のアタマの中で考えている。それで年を老《と》ってきてから「死ぬのが怖くなった」などと言う。若い頃は死ぬなんてことは何も考えないでいて、年を老って死が近づいてくると、急に死ぬことを思い出して、怖くなって、「どうしましょう」と言う人が随分いるわけだけれど、それは死ぬということをアタマの中で考えているからです。生と死と、いずれもアタマの中で考えている。そうして「生きているのが死ぬんだから、苦しいに違いない」と、こう考えるわけだ。つまり、アタマの中に描いた幻影の中で生死を考えて、その中に迷い込む。それで怖い、怖いと思う。ところが本当はそうではない。生きたり死んだりというのは、このアタマの中の出来事ではなくして、人間の思い以上の出来事なのだ。アタマの手放しの処で行なわれることなんだ。

結局、「生命の実物」は、アタマの手放しであるが故に、今ここでアタマの手放しの修行するということ――これが「仏法のための仏法」ということです。決して、アタマの思いの実用のためにアタマの手放しを修行するということではない。もし、アタマの実用のために修行するというのなら、これは全く見当が外れている。坐禅すると身体が丈夫になるからとか、あるいは度胸がつくから、胆力がすわるからとか、人間的実用のために坐禅修行しようとするのなら、見当が違う。

二、三日前、私がいよいよここを引き揚げるというので、外国から来ている人たちが話を聞きたいといって十四、五人集まってきた。その時、最後の質問で、坐禅しているとスパンティニアス（spontaneous――自発性と訳される）が出て来るのかと、こう言うんだ。なんだか変な質問だなと思っていたら、今、アメリカの坐禅する人たちの流行《はやり》がそれらしいんですね。それはどうも禅機ということが言いたいらしいんです。きっと禅機ということを、こっちから向こうへ行ったいわゆる植民地老師がスパンティニアスと訳して紹介したらしいんですよ。だから「坐禅していると、いつかそういう意味の一喝《いっかつ》が出て来るのか」と、こういう質問らしい。だからね、そんな鼻クソみたいな自発性はいらないって言ってやった。そんな鼻クソみたいな自発性を欲しがらないことこそ本当の自発性なんだと言ってやった。

アメリカの坐禅というのはLSDから出発したけれど、この頃はもうLSDは卒業したらしい。それで今はそのスパンティニアスというのが流行《はや》っているらしい。もともとアメリカという国はプラグマティズムの国ですからね。例えば、借金取りがやって来て、金を返してくれと言った時に「喝ーッ」と大喝一声、追いかえしてしまう。もしそういう自発性が出て来たら役に立つものね。人間的な役に立つ。またアタマの思いとしては非常にスッとする。ところが、この〝気持がいい、スッとする〟というのは煩悩的思いが気持がいいんだ、愉快なんだ、痛快なんだ。だけどそんなものは仏法ではないということは分かるでしょう。仏法というのは、そういう人間的思いが、サイダー飲んだみたいにゲップが一つ出てスッキリしたという、そういうものではない。その辺の筋合いをよく分からなければならない。

今、外人たちはたくさん坐禅しているけれど、何よりこの「仏法のための仏法」ということだけが、まだ分からない。それで、何か人間的実用のためになることだけを望んでいる。そうではない。本当に仏道ということは、ただ仏法のための仏法だ。われわれ何を最高価値とするか。人間のアタマで考えた何かを最高価値にしているのなら大違いだ。人間のアタマで考えたものではなく、アタマを手放しにした処に最高価値がなければならない。アタマの手放しそのものが最高価値だ。それが仏法のための仏法ということですね。これが本当によく分からなければならない。私はいま外人たちに、これだけをよく分からせたいと願っている。ところが、今のいわゆる植民地老師たちは「仏法のための仏法」ということを伝えようとはしていない。そして外人たちが食いつきそうな何か面白いエサを持ち出して来るもの。それで借金取りを一挙に退散させてしまうような一喝——坐禅するとそういう一喝が出て来るんだというようなことを言う。けれども、そんな坐禅は幾らやったって本当の坐禅ではない。本当の坐禅というのは、そういう人間的価値のためのものではない。人間のアタマで価値があると思ったものは、すべて本当の価値ではない。そうではなしに、アタマを本当に手放しにするという、そのことが生命の実物であり、この生命の実物こそ最高価値としなければならない。

この頃の外人たち、といってもヨーロッパ人はそうでもないけれど、今のアメリカ人たちはキリスト教の聖書の言葉一つでも引用してくると胸が悪くなるというやつが多い。だから、外人たちに聖書の言葉を引用するのは非常に遠慮しているのだけれど、しかし大切な言葉はやはり大切だ。聖書のロマ書三の四に「人をみないつわり者とすとも、神をまこととすべし」という言葉がある。人間がすべて間違っているとしても、ただ神様だけが真実だ、ということですね。これは本当ですよ。だから今ここでいう問題にあてはめて言えば、人間のアタマで考えたことはすべて間違いで、ただアタマの手放しのみ真実ということです。聖徳太子のお言葉にも「世間虚仮《せけんこけ》、唯《ゆい》仏是真《ぶつぜしん》」「世間をすべていつわり者とすとも、ただ仏のみを真《まこと》とすべし」というのがあるけれど、とにかくわれわれは今ここに絶対価値の標準を置かなければならない。アタマの手放し、仏法こそを一番大切にしなければならない。

だから仏法というのは「人情世情でない」ということが大切なわけですが、しかしながら、ここにまたちゃんとワナがある。人情世情を入れてはいけないというと、こんどは仏法というものを人情世情から全く引き離して、これだけが仏法といって小さなカコイをつくってしまう。真言密教では結界の道場といって特別の処をつくる。例えば、護摩壇の処にいろんなものを並べて、そこでもって火を焚いて、ここだけが神聖なる道場だというふうに思う。あるいは、女人禁制といって、この霊山には女人みたいなけがらわしいものは入っちゃいけないと結界するでしょう。しかしながら、それでは「長空白雲の飛ぶを礙えず」ではなくなってしまう。結界道場などは無邪気な方だ。もうちょっとこみ入ってくると、我《が》を張るために「仏法」を持ち出すようになる。

自分の我を張る煙幕のために、仏法のための仏法と言っているお師家《しけ》さんがいかに多いことか。

これはよくよく気を付けなくてはならない。仏法ということの根本はあくまでも「長空白雲の飛ぶを礙えず」ということなんだから、人情世情と対立して、人情世情を拒否することは絶対に許されない。

これは一体どういうことかというと、要するに、「仏法のための仏法」ということは、本当にただ自分が自分に言い聞かせる以外にないということです。修行者は何処までも自分自身だけが、人情世情でなしに、仏法のための仏法という態度でいかなければならないということなんだ。決して、「仏法のための仏法だぞ、それなのにお前そんなことをした」と言って、仏法を盾にとって人を裁くことは許されない。「仏法のための仏法」ということを持ち出して、これでもって人を裁くということは絶対に許されない。仏法は国法のように人を裁くための法律ではないのだから。

そういうことは坊さんとしては、いろいろ多いですよ。坊さん自身が、俺の我欲のためにいい言葉を他人に向かって言う。例えば「人間は布施が大切。皆さん布施をしなさい」そう言って、なあに、俺が貰ってしまう。そんなことは許されない。布施ということも、人に強制することではない。「俺自身が出す」というのが布施なんだ。仏教の一番大切なことは、何処までもただ自己の問題だということです。どういうことも自己にあてはめて、自分がそうしなければダメだ。仏法のための仏法ということも、特にこの態度が大切です。

(二) 坐禅こそ本尊であり、正師《しょうじ》である。

本尊というのは本当に尊いものということで、それはいま言ったように結局アタマの手放しをして坐る坐禅のことだ。アタマの手放し、それが最高価値であり、それが本尊ということですね。以前、安泰寺へ本堂をお参りさせてくれと言う人が来たので、本堂を開けてやったら、須弥壇《しゅみだん》の上の処に扇風機がついているんで「もったいない。本尊さんの処に扇風機がついている」と言った人がある。京都の人は仏像が本尊さんだと考えているようだけれど、「安泰寺の本尊さんはこっち側にある」のだ。坐禅する方が本尊さんなので、いま坐禅しているのだから、冬暖かく夏涼しくということで、仏像の方から坐禅人に向かって扇風機をとりつけてしまったのだ。仏像は坐禅の模型で、このアタマの手放しである坐禅こそが本尊さんだもの。――これを一番最高価値にしなければならない。

ところが、うっかりすると、われわれいつでもアタマで考えた、作り物を最高価値にしている。いや、うっかりするとじゃない。世間の人なんか、呆《ぼ》けづめに呆けている。それで、金《かね》を最高価値にする、名誉地位を最高価値にする。そんなものばかりを最高価値にしているじゃないか。そうではなしに、いま修行者たちは、何処までもアタマの手放し、これを最高価値にする。そして、うっかりすると、それを見失うから、見直し見直し、何処までもやってゆくことですね。これが「坐禅こそ本尊である」ということです。

それから「正師」というのもそうです。「正師にあわずんば学ばざるにしかず」という言葉があるけれど、それでは一体、正師とは何か。人間がアタマで考えて「あっ、この人こそ正師だ」と思ったら、どうせ間違うんだ。それならば「この人こそ正師だ」と思う「俺の考え」を信用しているのに過ぎない。正師というものは人間であるべきではない。アタマを手放しにする坐禅だけが正師であるべきだ。そこの処をはっきりさせて、間違わないようにしなければならない。私は弟子たちに対して、「俺が正師だ」と一遍も言ったことはない。初めから坐禅が正師、お互いに自分自身がする坐禅だけが正師だと言ってきている。沢木老師が亡くなってから私は法益《ほうやく》するようになったけれど、これは配役としてやっているだけだ。だから私が正師で、絶対的に正しいなんて、そんなことは言いはしない。正しいと思うか思わないかは、そちらさんの思いでしかないもの。だから正師というのはそういうことではなくて、各自俺がする坐禅、アタマの手放し、これだけが正師だ。この「坐禅こそ本尊であり、正師である」ということ、これを見失わないようにしたい。

(三) 坐禅は具体的に「得は迷い、損は悟り」を実行し、二行（誓願行・懺悔行）三心（喜心・老心・大心）として、生活の中に働く坐禅でなければならない。

坐禅の格好をするのなら、どんなんでもよいと思っている人がいる。ヨーガの人も坐禅する。外道《げどう》の人も坐禅する。生長の家も坐禅のまねごとみたいなことをする。南方仏教の人も坐禅する。それでいろいろな坐禅があるけれど、われわれのする坐禅と格好は同じでも、実は坐禅の中味は違う。

今、外国から来ている人たちはその区別がつかない。ヨーガも南方仏教の人の坐禅も、われわれのする坐禅も皆同じだと思っている。だから、私は外人たちに本当の坐禅を知らせるためのテキストをどうしても作りたいんです。そのために私は骨折ってきている。今の植民地老師のようにただ外国へ出かけて行ってワーワー言っていればいいというもんじゃない。そうじゃない、本当に正しい坐禅を外人たちに知らせるテキストを作る方がもっと大切。そしてその本当の実物見本を教える人間の方がさらに大切だ。それで今、ここの十年間、私は安泰寺で「人とテキスト」作りに努めてきた。ようやく、英独仏伊の坐禅テキストもだんだん出来るようになってきたし、それを指導する人間もだんだん出来つつあるので何より喜んでいるのだが……。

大体、いま言ったように、坐禅の態度でもって坐禅の中味が変わる。いわゆる「六道禅」はわれわれのする坐禅ではない。六道禅とは、地獄禅、餓鬼禅、畜生禅、修羅禅、人間禅、天上禅であって、これらの坐禅をわれわれはしてはならない。

地獄禅というのはどういうのかというと、「坐禅」と聞いただけで怖気《おぞけ》をふるう人がいる。ことに坊さんに多いですね。坊さんというのは資格とりに僧堂へ安居《あんご》し、ここで嫌《いや》で嫌でしょうがないんだけれど、坐禅させられるというのがいる。これは地獄の思いだもの。そういう地獄の思いでする坐禅を地獄禅という。これはどうせダメなんだ。

それから餓鬼禅。これは「悟りが欲しい、悟りが欲しい」と言って、悟りを追いかけている坐禅。これは餓鬼道禅だ。

それから畜生禅。畜生というのは家畜的生ということです。例えば、イヌやネコを飼うが、これらが畜生だ。それと同じように、こうしていりゃあ食えてるというんで叢林《そうりん》の中にいるやつがいる。この安泰寺なんかでも時々そういう畜生みたいなやつがまぎれ込む。とにかく安泰寺に居りゃあ食えてるんだと、それだけで、接心もただこうしてりゃあ時間が経つというんで、それだけでやる。こういうやつは、どうしても時々こっちの方から追い出さなければならない。寄らば大樹の蔭っていうけれど、こんな草葉の蔭みたいな安泰寺でもって、安心して食えるというやつなんか、本当に見当外れですよ。安泰寺で食うといっても、どんなごちそうが出て来るわけでもなしさ。玄米とみそ汁にコウコぐらいしか出て来ないんだから。安泰寺で飼われているような雲水では本当につまらない。そういう畜生禅をしてはならない。恥を知れ。

それから修羅禅。これは悟りの競争だね。あるいは、どっちが厳しい修行かといって競争する。警策《きょうさく》でもってビュービューと殴り合いしているようなもの、これは修羅道禅だ。

それから人間禅。これはさっき言った実用のための坐禅ですね。アタマがよくなるために坐禅するとか、健康のために坐禅するとかいう、とにかく有所得《うしょとく》の坐禅だ。『心理禅』とか、『生理禅』とかいう本があるけれど、それはいかにも人間禅で有所得だ。何かその引き換えのある坐禅をするやつは、これは人間禅だ。

それから天上禅。これは隠居さんだ。今のアメリカ人なんかは、まさにそういう隠居禅を好む。今のアメリカ社会の物質文明の騒音から逃れてヒッピーになり、山の中に入って、やれやれとその気楽さを楽しんでいる。また、それだけでは退屈するものだから、今度は趣味にこって、坊主の笏《こつ》やなんか磨いて楽しんでいるやつがいる。そういうのは趣味禅だ。こういう隠居の趣味禅は、全く仏法としては見当が外れている。坐禅というのも、どの辺に本当の坐禅があるかということを、よく大局から見定めてこなければならない。こういう六道禅の中にいったんもぐり込んでしまうと、仏法の大局が分からなくなる。

では、仏法の大局は何かというとさっきも言ったように、仏教というのは、無常・無我の教えだ。アタマの手放し＝無我の教えが仏法の根本だ。そこで先ず「得は迷い、損は悟り」という、そこが大切ですよ。先ず人情世情からいえば、いつでもモノタリヨウ、モノタリヨウとして、自分が物足りさえすればいいと思っている。ところが、仏法はそうではない。物足りぬままということが大切だ。その「物足りない」というのがもう一歩進めば「得は迷い、損は悟り」ということですね。積極的に損をするということ。――これも「損が大切だぞよ、だから……」と言って人に金を出させて、自分がそれを集めて回っちゃダメだ。それじゃあ、こっちが儲《もう》かっちゃうもの。そうでない。これもただ自分にあてはめて、「得は迷い、損は悟り」と、先ず自分が出す。積極的に「我《が》を破《やぶ》る」ために、これほど具体的なことはないね。具体的に金をパッと出すということは、先ず「我を破る」。これが「得は迷い、損は悟り」です。

その点「生来の自分」ということと「本来の自己」ということ、これをはっきり分けて考えるべきだと思う。われわれいつも「生来の自分」ばかりを考えているけれど、この「生来の自分」を一皮めくった処に「本来の自己」がある。「生来の自分」というのは、いわゆる業識《ごっしき》的な自分であって、いつでもモノタリヨウ、モノタリヨウとしている。人間という生物は、フギャーと生まれた時から、もうちゃんとアタマを持っているもんだから、そこに幻影を描き出して、その幻影の中に迷い込むという業《ごう》をもっている。これが生来の自分です。ところが、それを本当の自分と思っているとしたら大違い。大切なのは、そういう生来の自分、そういう業をもう一つはぎ取った処にある。はぎ取るというのはアタマを手放しにした処で、ここに本来の自己があるんだ。「父母未生已前《ぶもみしょういぜん》、本来《ほんらい》の面目《めんもく》」という公案もあるけれど、そうすると「本来の面目」という何か特別な処があるんじゃないかと思うけれどそうでない。なに、アタマの手放しをした処が、そこなんだ。なにも特別な神秘的境界でない。アタマを手放しにすれば、それが本来の面目だ。そのアタマを手放しにした処にある本来の自己においては、この私を生かしている力と、あの風を吹かせている力と、これはぶっ続いている。あの風を吹かせる力が、私をこうして呼吸させているんだ。これはまあ、しょっちゅう言っていることだけれど、これだけをよくよく振り返るべきだ。

ふつう人間は、俺、俺と言って「俺のアタマ」でもって生きているのだと思っている。俺のアタマが管理していればこそ、こうして生きているんだと思っているけれど、それは大違いです。「俺、俺」って考えてやっていることといったら、本当にわずかな範囲です。お湯を飲もうとして、これを飲む。確かに思ったように飲める。喋《しゃべ》るというのも、大体、私は思っていることを喋っている。ところが、人間のアタマの言うことをきくのは、せいぜい手足と舌ぐらいのものだ。胃袋となると、もう言うことをききはしない。いわんや心臓とか肺臓とかいうのはもう言うことをきききっこない。呼吸しているというのも、私が一所懸命呼吸しているのじゃなくて、寝てる時はアタマを手放しだものね。寝てる時も一所懸命呼吸しなければならないと思っているやつはいないだろう。事実、アタマ手放しの処で呼吸しているんだ。それではアタマ手放しの処でしている呼吸は俺じゃないかというと、事実俺なんだ。そうするとアタマ手放しの処にも呼吸しているという、これが「本来の自己」ですよ。

道元禅師が『正法眼蔵』の中でいつも強調しているのは「尽《じん》」という言葉です。これは英訳するのに何て訳したらよいか分からないという。「尽十方界」とか「尽一切」とか、「尽大地尽衆生」とか、あるいは「尽地尽界尽時尽法」というように、道元禅師は、本当にたくさん「尽」という言葉を使われる。要するに、全部をひっくるめたということで、それが俺の生命《いのち》だ。「自己のいのち」というのはすべてとぶっ続いているということ。アタマの中じゃ、この俺だけが俺だと思っているのだけれども、アタマを手放しにした処では、すべてとぶっ続いているということです。

このぶっ続きの生命というのが、なかなか分からない。本気でそうだと思えないんですね。私も坊主になり、ずっと坐禅修行して、三十何年になったわけだけれど、俺というものがすべてとぶっ続いているということだけは、だんだんはっきりしてくるようだ。坐禅というのは幾らやってても何んにもならないけれど、しかし、やればやるほど、あらゆるものごとが他人ではないということだけは、段々はっきりしてくると思う。まあやってごらんなさい。坐禅して、アタマを手放しにしていることだけ一所懸命やっていると、すべてとぶっ続きだということだけがよく分かってくる。

人間死んで何処へ行くか。なに、何処へも行くんじゃない。もう天地一杯なんだ。生まれて来るといっても、なに、天地一杯から来るんだ。だからどうせ天地一杯なんですよ。われわれどうせ、誰でも彼でも天地一杯、思っても思わなくても天地一杯。それだのに、このアタマだけが、この個体だけが俺だと思い込んでいるんだ。そう思い込んでいるんじゃ仕様がない。そうじゃない。思っても、思わなくても、天地一杯ですよ。どうせ、こうして生きているといったって、菜っぱ食った、ゴボウ食った、大根食った、メシ食ったといって、そんなものが寄り集まっているのだから。それでこういう皮肉骨髄なんかで一応まとまってあるようだけど、実はこれ皮膚からも熱や水分も発散してるのだろうし、また、養分も光も採っているのだろうしね。これ出入り自由なんですよ、本当は。で、天地一杯ですよ。死んで何処へ行くんだといってね、なに、天地一杯の処へ帰って行くだけだ。だから死ぬということを、新帰元《しんきげん》というじゃないか。どうせ天地一杯だ。その天地一杯というのが、「本来の自己」です。

ところで、この天地一杯ということは、「ただしアタマの考えることは除く」というものではない。アタマで考えることも、もちろん「本来の自己」の一作用です。しかし、われわれがアタマで考えるというのは、無いことも考えることが出来るんですね。「きのうは何した」とアタマで考える。だけどきのうはもはや去って、今ここにありはしないでしょう。それをアタマで考える。またあしたのことを考える。だけどこれはまだ来ないので今ここにありはしないのだ。ありもしないことをアタマは今ここで考える。これが幻影です。ところがいま坐禅するというのは、この幻影を幻影として見渡していること、幻影だと知っていることなんです。

しかし、われわれ生きている限り、思っても思わなくても、死んでも生きても、本来の自己なんだけれども、それと同時に、さまざまな幻影を描き出すところの業をもった、生来の自分からも離れることは出来ないということも事実だ。そうすると、人間というのは、生来の自分と本来の自己との兼ね合いの中にあるのだということが出来る。

そして、生来の自分から見れば、本来の自己というのは、これは向かう方向としてあるのだから、これが誓願というものだ。「衆生無辺誓願度《しゅじょうむへんせいがんど》」これは、ぶっ続きの生命として、落ち着く処へ落ち着きますようにということです。「煩悩無尽誓願断《ぼんのうむじんせいがんだん》」これはそういう幻影に引きずりまわされないようにということですね。しかしながら人間にアタマがある限り幻影を描くんだから、そこで「法門無量誓願学《ほうもんむりょうせいがんがく》」と、そういうことがはっきり分かるように……。「仏道無上誓《ぶつどうむじょうせい》願成《がんじょう》」落ち着き場所に落ち着くようにと、こういうことですね。つまり本来の自己として、落ち着き場所に落ち着くようにと、これが誓願です。

『大乗起信論義記』に「衆生の真心還《かえ》って自ら衆生を教化《きょうけ》す。この真心は是れ仏の悲願なり」

とあるけれど、慈悲による誓願というのは何か特別にアタマで考えて向こうに描くことではない。衆生の真心、本来の自己、それがもう誓願なんだ。だから、生来の自分から、本来の自己を見れば、これは誓願として現われる。

ところがこんどは反対に、本来の自己から、生来の自分を見ると、生来の自分というのは、本当はこうあるべきなんだと言いながら、実はそれが実現していない。業《ごう》という手カセ、足カセにはめられているから、本来の自己そのものをなかなか実現出来ないでいる。その限りそこに懺悔《さんげ》という面が必ずある、なければならない。この誓願と懺悔というのは本来の自己と生来の自分との兼ね合いの処に当然、出て来なければならない。それを一方的な話をしたら、どうせ間違っている。

例えばふつう坊さんの話は「いいお話」ばかりが多過ぎる。ところがそういういいお話ばかりということは、どうせ間違いだ。自分にあてはめてみれば、そんないいお話ばかりであるはずはない。そのいいお話がなかなか実現出来ないんだという自分が、そこになければならないと思う。だからいいお話と同時に懺悔の話が伴わなければ、どうせウソですよ。坊さんの話がピンとこないのは、そこだと思う。その点、私の話がわりにアクビしないで聞いてもらえるのは、私はこういう「いいお話」すると同時に、俺は実はそれが出来ないという、こういう面をさらけ出すもの。それで申し訳ないという、この懺悔の気持を同時にさらけ出している。そして、懺悔すると同時に、いよいよ誓願ということも烈々として燃え上がる。その点、坐禅人としては、この誓願と懺悔という両極、これが必ずなければならない。誓願行と懺悔行、これが二行ですね。

「一坐二行三心」ということがある。それをよく知らなければダメだ。「一坐二行三心ってどんなお経に出て来るのか」と調べてみたってありません。それは私が言い始めたんだから。まだ仏教辞典にも載っていない。そのうちに出るようになるだろうが。(笑い)それでその中の三心というのは、この生来の自分において、いかに本来の自己を働くかということですね。この働き方に三心というのがある。

先ず「大心《だいしん》」ということ。これはアタマの手放しをして、あらゆる比較分別をしないこと。例えば、仏教で「大」といったら、大と小と比較しての「大」ではない。どんなに大きいものでもそれが比較の上で大きいというのでは本当の大ではない。感心するのは、ノミのキンタマなんかを研究している人もいるんですね。ノミのキンタマを研究して、それが正三角形であるか、二等辺三角形であるか、平べったいものであるかを分類して、それでアラスカのヒグマにつくノミか、シベリアのヒグマにつくノミか、あるいは日本の北海道のヒグマにつくノミか、ノミの分類が出来るのだという。随分面白いことを研究する人もいるもんです。そうしてみるとノミの生殖器というのも結構大きいものらしい。そして、そのノミの生殖器に住んでいるバイキンもあるに違いない。

ところがこれと反対に、通信衛星なんかに乗って、上の方へ上がってみると、地球というのは、ボーッとかすんじゃって、その上空から日本を撮った写真もある。そうすると、俺は確かにここに居るはずなんだけれど、それは見えない。琵琶湖がここに見えて、京都はこの辺だとすると、ここの処に確かに私は住んでいるはずなんだ。上から撮った写真なんだから、私も撮られているわけだ。しかし、その俺というのは、それこそここではバイキンよりも小さく存在しているわけですね。だから比較してみると一体どれが大でどれが小かというのは、本当に分からない。

それでいま仏教でいう「大」とは、そういうあらゆる比較を絶して、比較分別するアタマを手放しにした処、それを大という。そして、アタマを一切手放しにした時、これが大心です。そうすると、どっちへどう転んでも「尽十方尽一切自己」だ。どっちへどう転んでも、私は自己ぎりの自己を生きる、それが大心です。小っちゃな自分のガマ口《ぐち》だけを大切にしているような考え、そんなのはどうせ小心だ。どっちへどう転んでも俺を生きる、これが大心というものです。そこで、どっちへどう転んでも私なんだから、どっちへどう転んでも私の生命を大事にするという、これが親心。どっちへどう転んでも親心をもって出会う、これが「老心《ろうしん》」ですよ。

恋愛と夫婦愛とは違う。恋愛の続きで夫婦になっているのなら、それは必ず破局に出会う。恋愛っていうのはね、何もサービスしなくてもいい。彼と彼女とが「好き」というだけで成り立つ。けれども、夫婦になって生活が一緒になったら、ただ好きなだけじゃダメです。夫婦愛となったら、お互いに思い合い、サービスし合うということが大切だ。それを、生理的にだけオトナとなって、魂はコドモという、こんな子供同士が結婚するから破滅する。子供というやつはサービスさせることばっかり考えているのだから。——大人になって、初めて人のめんどうを見る、親心をもつようになる。だから本当に人間は大人にならなければダメだということです。さっきも「ゆうべ結婚しました」という人がやって来たので、私は早速この話をした。生理的に大人になっても、本当の大人にならなければ、どうせ結婚は破滅するに決まっている。本当の大人というのは親心をもって出会うことです。私は私の何回かの失敗を通して、新婚夫婦には、いつも、このことを話してやる。ところが、この親心をもって出会うという本当の大人の精神が、もっと一切に及ぼされたのが「三界は皆これ我が有《う》、その中の衆生は悉《ことごと》くこれ吾が子」（法華経・譬喩品）という精神です。一切に思いやる心、ゆきとどく心だ。私じゃない、そちらへゆきとどく心、これが老心というものです。

それで、そういう中に本当の生き甲斐を見出してくる。生きる情熱をもつ。生き甲斐といっても「ああ嬉しい」なんていう感情的なものではない。親心をもって一切と出会う処に真の生きる情熱をもつ、これが「喜心《きしん》」ということです。

喜心・老心・大心と、これが三心だ。坐禅人はどうしても坐禅の裏に誓願と懺悔、喜心と老心と大心という二行、三心をもつのでなければならない。坐禅していれば、とにかく俺は安穏という、そんな坐禅ではダメだ。一切衆生は愚図っているのだから、この愚図っている一切衆生が、本当に落ち着き場所に落ち着けるように働こうという、そういう誓願を根本に秘めている坐禅でなければならない。だから誓願が根本です。

ところがそう言いながら、なかなかそういかないというのが懺悔です。そして、この誓願の働き方が喜心・老心・大心の三心ですね。

(四) 誓願をわが生命とし、深くその根を養うこと。

この誓願という場合、私はいつでも『正法眼蔵』行持《ぎょうじ》の巻の達磨さんの項を、誓願の一番純粋、具体的な姿だと思う。今アメリカへ行っている高之《こうし》さんに、アメリカへ出かける時「アメリカに行ったら〝行持の巻〟の達磨さんの項を『正法眼蔵少林行持』と題して、お経として毎日誦《よ》んだ方がいい」と言って勧めた。それはどういうのかというと、その一節を喋るだけでも二時間や三時間はかかるだろうから、今は読むだけにしておく。

正法眼蔵少林行持

真丹初祖《しんたんしょそ》の西来東土《せいらいとうど》は、般若多羅尊者の教勅《きょうちょく》なり。航海三載の霜華《そうか》、その風雪いたましきのみならんや、雲煙いくかさなりの嶮浪《けんろう》なりとかせん。不知のくににいらんとす、身命《しんみょう》ををしまん凡類《ぼんるい》、おもひよるべからず。これひとへに伝法《でんぽう》救迷情《ぐめいじょう》の大慈《だいず》よりなれる行持なるべし。伝法の自己なるがゆゑにしかあり、伝法の遍界《へんがい》なるがゆゑにしかあり、尽十方界は真実道なるがゆゑにしかあり、尽十方界自己なるがゆゑにしかあり、尽十方界、尽十方界なるがゆゑにしかあり。いづれの生縁《しょうえん》か王宮《おうぐう》にあらざらん、いづれの王宮か道場をさへん。このゆゑにかくのごとく西来せり。救迷情の自己なるゆゑに、驚疑《きょうぎ》なく怖畏《ふい》せず。救迷情の遍界なるゆゑに、驚疑せず怖畏なし。

私は初め、この安泰寺で昭和二十四年以来、横山祖道さんと二人きりでいた。祖道さんは今よくテレビに出て来るけれど、信州・小諸《こもろ》で草笛を吹く人で、私の兄弟子《でし》です。祖道さんは昭和三十二年の冬から出て行って、入れ替わりに今ここにも顔を出している佐藤明臣さんがやって来た。明臣さんともしばらく二人きりでいた。その頃の安泰寺はそれこそひどい破れ寺だった。しかし、その頃から私は、次の時代を創るんだと、人に会えばいつもそう言っていた。ところが実は、もう中学時代からいつでも次の時代を創るということが私の誓願だったのだ。そしてその誓願の一環として坊主になったのだ。それで坊主になって、そういううらぶれた、本当にみじめな生活をしながら、その誓願だけは烈々として燃えていた。そうした中でいつでも私に一番力を与えてくれたのが、いま読んだ達磨さんのこの項だった。その頃の私の生活は本当に世の中から踏んづけられたようなひどい境遇だったもの。その辺の雑草みたいに踏んづけられて、また踏んづけられて、ちっとも芽の出ることがない生活だった。しかしながら、そういう時に、この誓願があるが故に、かえって、深く地中に根をおろしていった。もしこの時、誓願がなかったら、あのようにいつも踏んづけられてばかりいる生活だったら、とっくに枯れてしまっていただろう。ところがこの一つの誓願を烈々として自らの内にもっていたればこそ、踏んづけられれば、踏んづけられるほど、いよいよ次の時代を創るという誓願が根をおろしていったのだ。

達磨さんもそうだったと思う。わざわざインドから中国まで来て、梁《りょう》の武帝《ぶてい》と出会い、話が合わなかったから、そこで少林山に入ってひがんでいたじゃないか。（笑い）早い話がそうだもの。とにかく踏んづけられたような状態なんだけれど、しかしながら達磨さんには「伝法救迷情」——法を伝え迷情を救うという誓願があった。この誓願があったればこそ、達磨大師の生命があったのだと思う。そして達磨さんは少林山でじいっと坐禅している中にいよいよ深く地中に根をおろしていったのだ。それから達磨さんの弟子の慧可大師《えかだいし》という人もまたこれも一生踏んづけられていた。坐禅したお蔭で、達磨さんの弟子だというために世間から踏んづけられていた。三祖、四祖、五祖というその辺までは本当に踏んづけられたような生活をしていた。ところが誓願によっていよいよ深くその根をおろしていったので、六祖ぐらいの処から、世の中がフーッと春になってきて芽が伸び出した。そうして今や禅といえば東洋文化の根本といわれるようになったじゃないか。

私の場合でもそうで、祖道さんや明臣さんと居た頃は、本当に踏んづけられた生活だったけれど、しかしながら今度フーッと春が来たら、なに弟子たちがたくさん出来てしまった。そしてこの弟子たちが、また、おのおの弟子たちをたくさんもってごらんなさい。これは核爆発みたいなもので、これを何世紀かかけてごらんなさい。きっと仏法時代という新しい時代を創るに違いない。これは決して個人的野心じゃなくて、仏法としての誓願だ。「伝法救迷情」という誓願だ。どっちへどう転んでも自己ぎりの自己を生きる。尽十方界自己が本当に「衆生無辺誓願度」という誓願のもとに伸びてゆくわけですからね。だから「尽十方界自己なるがゆゑにしかあり」だ。

私の弟子たちも、これからどういうふうに働いていくか知らないけれど、どうせ踏んづけられたような生活を、十年でも二十年でも続けてゆくという覚悟はしなければならない。私も昭和十六年に坊主になって、それで昭和三十七年になって耕法さんが来て、その頃から急に芽生え始めてきたんだけれど、その間二十年間は本当に踏んづけられた生活だった。その踏んづけられた生活の中で、生命を失ってはダメだ。生命を失うというのは誓願がないからだ。誓願さえあれば、どっちへどう転んでも俺の生命。このどっちへどう転んでも自己の生命を本当に生き抜くんだという誓願がある限り、どんなに踏んづけられていても、いつか必ず春が来る。春が来たら伸びるという力がある。これが生命力というものだ。これは決して野心とは異なることもよく知っておいてもらいたい。

だから私は誓願ということは非常に大切だと思う。沢木老師が亡くなってから以後、私が法益をする時、いつもこの四弘誓願《しぐせいがん》だけを、始めと終わりに称えることにしたのもそういうわけですね。むずかしいことは言わなくていい。この四弘誓願――。とにかく誓願だけは大切だ。

(五) 向上するのも堕落するのも、自分持ちであることを自覚して、修行向上に励むこと。

『典座教訓《てんぞきょうくん》』の中に「自を見ること他の如くなる痴人《ちにん》あり、他を顧ること自の如くなる君子あり」という言葉がある。その点、今はしらけの世代というけれど、自分を見るのに、他人のように冷淡に、しらけているやつがあるね。これは本当に痴人だ。そうじゃない。本当は他人というものはないんだ。他人も自己なのだから、どっちへどう転んでも自己だ。ただ、自己を生きるのだ。それで「他を顧ること自の如くなる君子あり」、この自己ぎりの自己を生きるということ。人に出会うことも、その人との出会いにおいて俺が生きる。ブーバーという人は「我と汝」と言うけれど、なに、俺という血の通った他者として出会うことを「汝」という新たな言葉で言っただけなんだ。その根本は、あらゆるものに自己の血を通わせるということで、この態度が大切だ。しかも、自己を生きるのは何処までも自己なのであって、その点よくなるのも悪くなるのも結局、自分持ちだ。「俺が悪くなったのは環境が悪かった、育ちが悪かった」「あの人がああしたから悪かった」。そんなこと幾ら言ってみたってしょうがない。結局、修行者の根本的態度としては、俺は俺を生きるということだけが大切です。

呆けて送るのも一生なんだし、覚めて送るのも一生だ。呆けたままで一生送るというの、これはつまらない。本当の意味で覚めるのだということを、いつも自分に言い聞かせ言い聞かせ、やっていくのが、これ道心というものです。それで「向上するのも堕落するのも自分持ちであることを自覚して、修行向上に励むこと」と。時々自分持ちじゃないような顔をしているやつが来るからね、そういうのをよく気を付けなければならない。

(六) 黙って十年坐ること。さらに十年坐ること。その上十年坐ること。

坐禅は「一寸《いっすん》坐れば一寸《いっすん》の仏」というが、これを、チョット坐ればチョットの仏、と読むとおかしくなる。そんなチョットの仏じゃ困る。そうではない。「一寸坐れば一寸の仏」という、これは間違いない。だからこそいよいよウンと坐るという、その気持がなければならない。

臨済宗の人たちでも、この頃僧堂に居るのはたいがい二年か三年だという。曹洞宗の方ははなはだしいね、三ヵ月か半年なんだから。坊さんになって三ヵ月で資格がとれるという。あるいは一年で資格がとれる。二年で資格がとれるというのだから笑わせる。とにかく、二年や三年で、本当の坊さんになれるはずはない。自分を生きるのは自分で、何処までも自分持ちなんだ。その限り本当の修行ということはやるだけはやらなければならない。そうすれば、少なくとも十年は黙って坐らなけりゃ。

私もね、坊主になった時、親父がそう言ったもの。「石の上にも三年っていうから黙って三年いろ」ってね。そうしていたら、いよいよ三年になった。ところが今度はまた親父が「達磨さんは面壁《めんぺき》九年というじゃないか」と。それでもってまた、とうとう面壁九年した。ところで、そうして十年経ってしまえば、もう後十年と、こう思うものね。そしたらもう後十年と。十年やれば、それからの十年はもう見通しがつくようになる。「ハハア、十年というのはこの程度か」と分かるようになる。初めの時は一年坐るというと大変なように思うけれどね、また二年坐るというのは大変なように思う。ところがなに、先ず十年やってみると、「これから後十年やろう」と、そういうふうになってくるから、そんなに心配しなくてもいい。

その点、私は大体もう見通しがつくから、沢木老師が亡くなった時、四十九日間接心《せっしん》をした。それから今度は沢木老師が亡くなってから十年、安泰寺で修行する、と。——まあ最後の二年は病気になってしまったけれど、とにかく病気しながらでもやったんだ。そして、十年経ったんだ。そういうわけで、なにしろ十年、十年、十年でやってみることですね。

坐禅というのは、本当に一寸坐れば一寸の仏で、一寸坐っても立派な坐禅ですよ。決してどれだけやらなければダメということはない。しかしながら、坐禅すればするほど——さっき言ったようにアタマの手放しということをとにかくやっているうちに、俺の考えたことが俺なんじゃないということがだんだん分かってくる。俺のアタマで考えたことじゃない、俺のアタマを手放しにした、尽一切自己、尽法界自己、本来の自己、アタマの手放しした処にあるものが本当の自己なんだ、ということが段々はっきりしてくる。つまり、それだけは、やっぱり長年坐れば、坐るだけのことがあると思う。だから本当に一寸坐禅しても立派に覚めているんだけれども、しかしながら長年坐禅するということも是非とも大切だ。やっぱり坐禅は一生しなければならない。本当の意味の自己に覚めるためには一生坐っていかなくてはならない。

『正法眼蔵』諸悪莫作《しょあくまくさ》の巻に、「諸悪すでにつくられずなりゆくところに、修行力たちまちに現《げん》成《じょう》す。この現成は尽地尽界尽時尽法を量として、現成するなり。その量は莫作を量とせり」とあるが、つまりいろいろな悪いことをつくるまいとして、つくらないのではない。尽地尽界尽時尽法——天地一杯の自己である時、いつしか「つくられずなりゆく」のだ。そしてそれは「莫作を量とせり」とあるが、これは結局、どっちへどう転んでも、天地一杯ということが、坐禅すればするほど段々はっきりしてくることだ。ここに「諸悪つくられずなりゆく」という処があるので、やっぱり、これは何十年、いや、一生やらなければならないのだと思う。

私の弟子たち、いま二十代と三十代の初めの人がちょっといる程度ですよ。ところが後十年経ってみると、三十代、四十代になるね。二十年経ってみたら四十代、五十代ということになり、三十年経ってみると五十代、六十代ということになる。そこまでゆくと、これはもう動かすべからざるもの、そこまでズッとみんな坐禅し抜いたら、これは何処へ出しても世の光になること間違いない。それでダメな人間がいたら、それこそ趙州《じょうしゅう》和尚じゃないが、「老僧の首を持っていけ」だ。

その点、私の弟子たちを、一人一人見てつくづく思うのに、みんな私よりしっかりしているもの、本当に。私が初めて大中寺に行って坊主になった頃というのは、どんなに頼りなかったことか、これはお話にならなかった。今でもそうだけれど、自転車にも乗れないんだから、豆腐も買いに行かれない。山奥の寺だからね。新到和尚のくせに「誰か豆腐を買ってきてくれませんか」って人に頼まなければならなかった。廊下を掃除するのにも、腰をまげてふいたあげく「ああくたびれた」ってもう寝込む。洗濯にしても、今までハンカチもサルマタも洗濯したことのない男だったからね、いかに頼りない男だったか。あれでよく続いたと思う。いや、よく続かせてくれたと思う。

その後、私の弟子になりに来た人たちで、そんな頼りないやつは一人も来てはいない。だから少なくとも、これからみんな、二十年、三十年やってごらんなさい。少なくとも、私よりはしっかりするに間違いない。これで私だって、今はしっかりしてるものね。頼りないと思えば誰も弟子に来やしないだろう。頼りになると思うからみんな来ているんだと思う。そうすれば、少なくとも私の弟子たちはもっと頼りのある人間になる。そんなのが、二十人も三十人も、これから三十年先に出来るとしたら大したもんじゃないか。

それでね、私の弟子たちに何処までも言っておきたいのは、「呆けて暮らしても一生、覚めて暮らしても一生」ということだ。呆けて暮らしたんじゃダメだ。あそこまではよかったんだけど、それから先は女に呆けて……、あるいは、そこから先は金に呆けて……、あるいは何かの地位を持ち出されて、それに食いついて呆けたというのでは困るんだ。

毎度言う通り、名利《みょうり》の心というのは、二十代、三十代にはそんなにないんだ。二十代、三十代には色気の方がはるかにつよい。ところが四十代、五十代になってくると、色気の方はもうそれほど「どうしてもこうしちゃあいられない」なんていうほどでなくなるけれど、その代わり今度は名利の念の方が盛んになる。名利といったって坊主の名利なんて本当に大したことはないんだ。あんまり言うのははばかるから言わないけれど、本当に大したことない。それだのにその名利だけが俺の生き甲斐になってしまうと、これ本当に呆けてしまうんですよ。そういうものに呆けないことですね。覚めて送っても一生なんだし、呆けて送っても一生なんだ。本当に、呆けて送った一生はつまらないと思う。

私はいま六十二だけれど、お蔭様で、なんとかここまで来てみると、同世代の人と比べてみて、なんと言ってもいい生き方をしたと思う。今どき六十二、三の人といったら、たいがい人生淋しくなっているのじゃないだろうか。ところが私の場合は、それどころかいきいきしているじゃないか。私の弟子たちは、どうせこれから世界に飛躍するであろうと思うと、これはいきいきしたバラ色の人生だ。私の書いたものだって、これからみんな後世ずっと読み伝えられるであろうと、これまたバラ色の人生だ。六十過ぎてから、こんなバラ色の人生というのは、これ結構じゃないですか。だから覚めても一生、呆けても一生――。ここをよく自覚して黙って十年坐り、それからさらに十年坐り、その上十年坐ることだ。

(七) 真面目な修行者たちが悩まないでいいような修行道場であることを目指し、互いに協力すべきこと。

この叢林《そうりん》という処は、いわば農家の方《かた》に言わせれば土ですね。今どき本当は、何処の寺でも弟子なんていないですよ。ところが、安泰寺ばかりは弟子たちがたくさん集まっている。もちろん永平寺だとか総持寺だとか、あるいは妙心寺だとか、そういう本山には、これはたくさん坊さんがいる。しかしながら、大体は坊主資格をとるために集まっているだけで、資格というエサがなかったら本当に寥々《りょうりょう》たるものになるだろう。

ところが、安泰寺というのはそういうエサが初めからないんだ。ここに何年居たって資格はつきはしない。だから、ここにこれだけの人数がいるというのは、よそと比較にならない。大したことなんです。日本に恐らくここだけだ。これはなぜかと言うと、私、土を作ることに成功したと思う。「下農は雑草を作り、中農は作物を作り、上農は土を作る」というけれど、まさに私は上農だった。それで土を作った。安泰寺という処が、真面目な修行者たちが本当に居やすいようにと、ただそれだけを心掛けてきた。

例えば、ここも寺だから、在家の人からお金を貰うことがあるけれど、そういう場合でも、その貰うお金にヒモがついていやしないかということに先ず気を付けた。ヒモがついていて、修行者たちを悩ませるような貰い方はしなかった。

それから修行道場では、和尚の妻君とか、和尚をとりまく婦人会とか、尼僧とか、そういう女の人たちがいて、これがのさばるようになると、真面目な修行者たちとしてはこれが一番悩みです。私はその点非常に気を付けた。私の女房を初めから決めてかかったのも、そういう女たちが渦巻かないようにということだ。これで私にもし女房がいなかったら、それこそ脂《あぶら》っこい女たちが寄り集まって渦巻くだろうと思う。そうしたら、みんな修行者たちは悩む。その点、初めっから女房がいるとなると、少なくともそんなに脂っこいやつは寄りつかないもの。

接心でも無言の行というのがよかったね。接心の合間にお茶をたてて飲むという、社交的ふんいきをつくると、これまた女たちが寄りつく。ただ、黙って坐禅するというのに、それでもやって来るような女は、まあしようがない。その点、坐禅という消毒剤をパーッとまいて、そして濃厚な女たちを寄せつけなかったが、その点これはよかったと思う。金と女はよっぽど気を付けなければならない。

それから次はズル和合。叢林の人たちが、仕事しよう、坐禅しようというのに和合するだけでなくて、飲もう、遊ぼうという方も和合する。それはそれで結構なんだけれど、今度はその方ばかりに和合してしまって、修行道場のふんいきをこわすようになる。これをズル和合という。そうなるとやっぱり真面目な修行者たちは悩むようになる。この点、よっぽど叢林としては気を付けなければならない。みんなお互い同士和合して、みんなで修行出来るふんいきを守ってゆくことが大切だ。叢林の修行者といっても、どうせ道心の権化《ごんげ》というような人はいない。ただ、みんなが一分の道心を持ち寄るんですよ。沢木老師もよく言っていたけれども、叢林という処は炭火のようなもので、火ばちでも裸火一つそこに置いておけば消えてしまう。それをちょっとずつでも点いた炭火を寄せ集めることによって火がカンカン燃え上がってくる。同じように、みんなが一分の道心を持ち寄って、叢林を盛り立てていくわけです。だからそういうつもりで叢林を盛り上げてゆかなければならない。

以上の七項目は、私自身がずっと心掛けてきたことです。それでお蔭さまでここまで来たのだから、この心掛けをまた後の人にも譲っていこうと思うものだから、この七項目を書き付けたわけです。それでまあ、その点みんな参考にしてほしい。

それから最後に「安泰寺を去る」という詩を書いた。はたして「詩」になっているかどうか知らないけれど……。

安泰寺を去る

老人としての私には
私なりの仕事がある
それは若い時のように
外に向かって働くことではない
ただ内に向かって
自己をみつめ

大空のなかに
雲が消えてゆくように
しずかに
消えてゆくことだ

この頃つくづく考えるのに、われわれアタマ手放しにした処、どうせ尽法界自己なんだ。われわれ思っても思わなくても尽法界自己。――尽法界自己というの分かるかなあ。とにかく、思っても思わなくてもぶっ続きの尽一切。それが本当の俺なんですよ。あなた方、自分には思えないかも知れないけれど本当はそうなんだ。アタマ手放しにしたら事実そうなんだ。それがね、大切なのは今ここでどういう配役として働くか、ということだ。

私はまあ、沢木老師が生きている間は小僧としての配役だった。小僧としての配役も長かった。五十二、三まで小僧だった。小僧といいながら老僧だもの。その老小僧を最後まで勤めてきた。それが配役だ。

沢木老師が亡くなってから今度は堂頭和尚という配役となった。さっきも言うように、配役として法益もするんだし、配役としてみんなの師匠でもある。それでその配役を勤めてきた。そして、今度は隠居という配役だ。この場合、小僧がつまらなくて、和尚がよくて、また隠居というのはつまらないと、そんなものじゃない。世間の人はその程度に考えるけれど、そうではない。いかに、この一々の配役を精一杯勤めるかという、その態度だけが大切だと思う。「和尚、なんといっても最後まで隠居しなさんな、隠居するともうアカン……。弟子に権力奪われて……」そんなこと言っている和尚のボヤキを聞いたことがあるが、今の私の場合はそんなことじゃないんだ。配役だ。

私が隠居ということを、敢えて十年前からはっきり言ってきているのは、これから老人が多くなるんだ。どうせこれからの日本は、老人はもうどんどん隠居という配役に回ってもらわなければ困る。だからまあ、それを率先してやってみようというのが、私の考え方だ。現役で働いている時に比べて、定年以後、あわれになったという、そんな考え方じゃダメだ。老人というのも一つの配役だ。現役で働いている時は配役で働く。定年以後は定年以後としての配役を勤める。定年以後は、収入も少ないだろうが、収入が少なくなったら、自分の生活をうんと切りつめて最低の生活でいく、これが配役です。それがみじめだと思うようじゃダメなんだね。そうではなくて、それを配役として精一杯勤めることが大切だと思う。われわれ配役として働くんだし、配役としていろいろの役を勤めるんだし、そして配役として死んでいく。

こんな詩も書いた、

どうせこの私は
思っても思わなくても
尽法界自己である。
この尽法界自己が
生の配役の時には
生の配役をつとめ、
死の配役の時は
死の配役をつとめるのみ。
生也《しょうや》全《ぜん》機現《きげん》
死也全機現。

先にも言ったように、アタマの中で死んだり生きたりするのではない。生きる時は生きる、それが全部。死ぬ時は死ぬのが全部。生きるといったら、もうアタマ以上の生命全部が生きるんだし、死ぬ時には、アタマそれぐるみひっくるめて、全部が死んでゆくのだ。生きている時は尽法界自己がいま生きているという配役。そして死ぬ時には、尽法界自己が死ぬという配役。それが「生也全機現、死也全機現」ということです。だから私が隠居するというのも、隠居全機現です。

このあいだ宗則さんのお母さんが来て「それにしてもご隠居が早過ぎます」と言ったけれど、いや早過ぎることはない。というのはね、沢木老師が亡くなって、ここで堂頭和尚になった時、みんなにもよく言ったけれど、私はいま教育者という配役。だから教育者としての在り方を勤めてきた。ところが、この教育者というのは年数が長過ぎてはいけない。教育者は、教育し始める最初だけがいいんですね。教育情熱というのがある。教育者がすこし古くなると、教育技術はうまくなるだろうけれど、教育情熱がもう失われてしまう。ところが大切なのは教育技術ではなしに教育情熱なのだ。

早い話が、小学校の先生でも、昔の卒業生が慕ってやって来るというのは、若い頃の生徒だけで、年老ってから卒業させた生徒が集まって来るようなことはないように思う。たいがい教育者になりたての若い頃の、教育技術は未熟だけれど、教育情熱をもって教育した生徒たちがいつまでも慕ってやって来るのじゃないのだろうか。

そういうわけで、まあ、私が十年で隠居するというのは、これちょうどいいんだと思う。それからまた私に「早く隠居なさって院政ですか」と言う人がいる。院政というのは、昔の白河天皇とか後白河天皇というのが、白河院とか後白河法皇とかというのになって、それで政治にクチバシを入れた。ああいうのを院政というんでしょう。私の場合はそうじゃない。隠居といったら、いま言う配役なんだから、絶対的に現役から死ななければならない。いや、これからだんだん年を老ってくるから、今度はなんだかんだと、反対に弟子たちに世話にならなければならないだろうけれど、しかし、弟子たちのやることにあれこれとクチバシを入れて院政をやってはいけないと私は思う。もうそういうことからは絶対的に死ぬつもりだ。

これから以後は、弟子たちが本気になって修行して、しっかりとやってくれるなら、それは草葉の蔭から喜ぶだろう。それに反して、弟子たちが、あれもとうとう呆けたか、あれもとうとう呆けたかと言うようなら、これは草葉の蔭から悲しむだけだ。まあ、みんな私が草葉の蔭から本当に喜ぶようになってほしい。よろしく頼む。

〈京都安泰寺にて内山興正老師、安泰寺住職としての最後の法益。昭和五十年二月二十三日大雪の日。午後二時十分から約二時間二十分にわたる講演。出家在家の聴講者約百名〉

あとがき

本書は一九九三年に刊行された『禅からのアドバイス』に「安泰寺へのこす言葉」を加えて一書としたものです。

Ⅰ～Ⅲ章は本師内山興正老師に五十近くの質問をしてお答え頂いたものを整理編集したもの、Ⅳ章は大阪・風生会での講話、Ⅴ章はご自身で書かれたもの、Ⅵ章は一九七五年安泰寺堂頭《どうちょう》としての最後の法話です。

初めこのような本を思い立ったのは、大上段に仏法を持ち出されたのでは難しくてなかなかなじめない人も、いま日常生活で出会う具体的切実な問題を通して仏法を語ってもらえれば、我がことと して身に沁みる処があるのではないかと思ったからです。実際に安泰寺ホームページでは、Ⅰの「いま自殺しようと思いつめている人へ」のアクセスが多いと聞いております。

誰でもそれぞれにいろんな問題を抱えながら生きています。そしてその授かった場で、精一杯生きようとしています。しかしそれが勝った・負けた、得だ・損だの生存世界の葛藤として受けとめている限り、たとえ一時的にうまくいったと思っても、必ず新たな問題を引き起こし、ただ六道に流転しているだけではないでしょうか。

その時、全く思いもよらない処から一筋の光が差し込んできます。それが本編の言葉です。それにしたがってひと時の坐禅をするとき、日常のひと時を坐るのではない、現実と思っていたこの世界の方が、実は坐禅のひと時であったと照らされるのです。日常の苦しみを何とかしたいと思って光を求めるのではない、苦しい現実と思っていたこの世界の方が、すでに限りない光に求められていたひと時であったと知らされるでしょう。

初版の「あとがき」で私はこんなことを書いています。

「本文中にも度々語られておりますように、老師も満八十歳を越えられ、いま老いと死という問題について一層しみじみ親しんでおられます。そのため質問は多岐にわたってなされているものの、本書は老いということ死ということについて多く語られる結果となっています。

折しも高齢化社会の到来で、本書は今まさに人類に恵まれた本当の意味での智慧の書と言わなければならないでしょう。かえってこれからは死を積極的に見つめ、その地盤から見直すことによって、よりいきいき豊かに生き、そして希望とともに死んでいく、いやそう出来たらいいというのではなく、まさにその実物見本としての地平を切り開いてくれたのが本書です。（中略）

それを自己のいのちの水を呼びさます力とし、本来自らに働いている生命力として、一人一人かけがえのない自己の地平を切り開いていきたいものです」

果たしてそのように、私は人生をいきいき生きてきただろうか。いや、そんな老師のおっしゃるようには真実に生きれない、絶対に生き切れない――その生きれないこと、そのままが、すでに光に射貫かれて、私のデコボコ人生そのものが燦々とした祈りのように歩ましめられていくことをほのかに感じております。

「安泰寺へのこす言葉」を加えたのは、今の安泰寺のネルケ・無方堂頭さんのご要望でもありますが、内山老師自らが実践してこられた仏法・坐禅のお言葉は、本書のすべての答えの根底にあるものであり、この章を最後に置くことはわれわれの参究を助けてくれるに違いありません。

それにしても雑多な質問を我が公案として快く受け入れ、我が問題として親身にお答え下さった本師老師の慈愛深いお心に、改めて感謝と、今日を生きる力を頂いております。そして今回も、編集部の小山弘利さんには大変お世話になりました。有難うございました。

立春を過ぎた日に―

櫛谷宗則

内山　興正（うちやま・こうしょう）
明治45年、東京に生まれる。早稲田大学西洋哲学科を卒業、さらに2年間同大学院に在籍後、宮崎公教神学校教師となる。昭和16年、沢木興道老師について出家得度。以来坐禅修行一筋に生き、昭和40年、沢木老師遷化の後は、安泰寺堂頭として10年間弟子の育成と坐禅の普及に努める。平成10年3月13日、示寂。
著作は数多く、英独仏伊語などにも訳されている。主著に『正法眼蔵―生死を味わう』『正法眼蔵―現成公案・摩訶般若波羅蜜を味わう』『正法眼蔵―仏性を味わう』『正法眼蔵―行仏威儀を味わう』『観音経・十句観音経を味わう』『坐禅の意味と実際』『内山興正老師　いのちの問答』（以上、大法輪閣）『進みと安らい』（サンガ）etc。

櫛谷　宗則（くしや・しゅうそく）
昭和25年、新潟県五泉市の生まれ。19歳の時、内山興正老師について出家得度し、安泰寺に10年間安居。耕雲庵で縁ある人と共に坐りながら老師のもとに通う。老師遷化の後、故郷へ帰り、地元や大阪などで坐禅会を続けている。
編著に『禅に聞け』『生きる力としてのZen』『内山興正老師いのちの問答』（以上、大法輪閣）、『共に育つ』（耕雲庵）等。

【増補・改訂】
禅からのアドバイス
内山興正老師の言葉

2003年11月10日　初版第1刷発行 ©
2019年4月8日　増補・改訂版第1刷

編者　櫛谷宗則
発行人　石原大道
印刷所　亜細亜印刷株式会社
製本　東京美術紙工協業組合
発行所　有限会社　大法輪閣
東京都渋谷区東2－5－36　大泉ビル2F
TEL　(03) 5466-1401(代表)
振替　00130-8-19番

ISBN978－4－8046－1414－4　C0015　Printed in Japan